Liam Moore

L'Essence de l'Esprit Holistique
Une Plongée dans l'Unité de l'Existence

Titre Original: A Essência da Mente Holística - Um Mergulho na Unidade da Existência

Copyright © 2025, publié par Luiz Antonio dos Santos ME.
Ce livre est une œuvre de non-fiction qui explore les principes et les pratiques de la pensée holistique. À travers une approche intégrative, l'auteur met en lumière l'interconnexion entre la science, la spiritualité et la nature, offrant des outils pour une compréhension élargie de l'existence et une transformation personnelle profonde.

1ère Édition
Équipe de Production
Auteur : Liam Moore
Éditeur : Luiz Santos
Couverture : Studios Booklas / Étienne Morel
Consultant : Claire Fontaine
Chercheurs : Antoine Girard, Sophie Marchand, Julien Lefèvre
Mise en page : Marc Delacroix
Traduction : Isabelle Lambert
Publication et Identification
L'Essence de l'Esprit Holistique
Booklas, 2025
Catégories : Philosophie / Spiritualité / Développement personnel
DDC : 128 (Spéculation philosophique) - **CDU** : 1(07)
(Philosophie générale et vulgarisation)

Tous droits réservés à :
Luiz Antonio dos Santos ME / Booklas Publishing
Aucune partie de ce livre ne peut être reproduite, stockée dans un système de récupération ou transmise sous quelque forme que ce soit – électronique, mécanique, photocopie, enregistrement ou autre – sans l'autorisation préalable et expresse du détenteur des droits d'auteur.

Table des Matières

Index Systématique 5
Prologue 10
Chapitre 1 Une Vision Intégrée du Monde 12
Chapitre 2 Des Origines Antiques à la Modernité 19
Chapitre 3 Connexions entre le Tout et les Parties 28
Chapitre 4 Physique Quantique, Biologie et Écologie 36
Chapitre 5 La Quête de l'Unité 44
Chapitre 6 L'Hypothèse Gaïa 53
Chapitre 7 Respect de l'interconnexion de la vie 62
Chapitre 8 Holisme et Durabilité 71
Chapitre 9 La Sagesse des Écosystèmes 81
Chapitre 10 Relever les Défis Mondiaux 91
Capítulo 11 A Mente Holística 101
Chapitre 12 Médecine Holistique et Bien-Être 109
Chapitre 13 Former des Êtres Humains Complets 118
Chapitre 14 Expressions de la Totalité 127
Chapitre 15 Vivre en Harmonie 136
Chapitre 16 Au-delà de la croissance matérielle 143
Chapitre 17 Visions Systémiques pour un Monde Meilleur 153
Chapitre 18 Outils pour l'intégration 163
Chapitre 19 Célébrer l'Unité dans la Pluralité 173
Chapitre 20 Construire un monde inclusif 183
Chapitre 21 Utopies et Dystopies Holistiques 193
Chapitre 22 Convergeant vers une Nouvelle Réalité 203
Chapitre 23 Transformation Globale 212

Chapitre 24 La Quête du Sens de la Vie 219
Chapitre 25 Vivre l'holisme au quotidien 229
Épilogue 238

Index Systématique

Chapitre 1: Une Vision Intégrée du Monde - Explore le besoin d'une vision holistique pour surmonter la fragmentation de l'esprit et de la connaissance, en intégrant différents domaines de la connaissance et en promouvant une compréhension plus large de la réalité.

Chapitre 2: Des Origines Antiques à la Modernité - Trace un panorama historique de la vision holistique, de ses racines dans les traditions ancestrales à sa reconfiguration dans la science moderne, démontrant sa pertinence au fil des siècles et son importance pour les défis contemporains.

Chapitre 3: Connexions entre le Tout et les Parties - Explore la relation entre la totalité et les éléments individuels, approfondissant la compréhension de l'interdépendance entre les parties et le tout dans différents domaines de la connaissance, de la philosophie à la biologie.

Chapitre 4: Physique Quantique, Biologie et Écologie - Examine comment la science contemporaine confirme l'interconnexion de la réalité, en abordant les phénomènes de la physique quantique, les découvertes de la biologie et les principes de l'écologie.

Chapitre 5: La Quête de l'Unité - Explore la recherche de l'unité essentielle qui imprègne toute existence, examinant comment différentes traditions spirituelles ont développé des concepts qui mettent l'accent sur l'interconnexion entre l'être humain, l'univers et le principe divin ou transcendant.

Chapitre 6: L'Hypothèse Gaïa - Présente l'hypothèse Gaïa, proposée par James Lovelock, qui considère la Terre comme un système intégré et autorégulé, où les organismes vivants et les composants physiques interagissent pour maintenir des conditions favorables à la vie.

Chapitre 7: Respect de l'interconnexion de la vie - Explore l'écologie profonde comme une réponse à la vision réductionniste et utilitariste de la nature, proposant une transformation radicale de la façon dont les personnes interagissent avec les écosystèmes, reconnaissant l'interdépendance intrinsèque entre tous les êtres vivants.

Chapitre 8: Holisme et Durabilité - Examine comment la recherche d'un avenir durable exige un changement profond dans notre façon de comprendre et d'interagir avec le monde, en abandonnant les visions fragmentées et en adoptant une approche holistique qui reconnaît l'interdépendance entre tous les systèmes.

Chapitre 9: La Sagesse des Écosystèmes - Explore comment la nature fonctionne comme un vaste système dynamique et interconnecté, où chaque organisme et élément joue un rôle fondamental dans le maintien de l'équilibre écologique.

Chapitre 10: Relever les Défis Mondiaux - Aborde la crise climatique comme l'un des défis les plus vastes et urgents de l'humanité, exigeant un changement fondamental dans notre façon d'interagir avec la planète.

Chapitre 11: La Mente Holística - Explore la mente humaine comme un système intégré et interdépendant, où les aspects physiques, émotionnels, mentaux et spirituels interagissent et s'influencent mutuellement.

Chapitre 12: Médecine Holistique et Bien-Être - Présente la médecine holistique comme une approche intégrée de la santé, qui va au-delà de la simple suppression des symptômes et recherche l'harmonie entre le corps, l'esprit et l'âme.

Chapitre 13: Former des Êtres Humains Complets - Aborde l'éducation comme un processus transformateur qui va au-delà de la simple transmission d'informations et du développement cognitif, impliquant non seulement l'intellect, mais aussi les dimensions émotionnelles, sociales et spirituelles.

Chapitre 14: Expressions de la Totalité - Explore l'art et la créativité comme des manifestations essentielles de l'expérience humaine, agissant comme des ponts entre le monde intérieur et la réalité extérieure.

Chapitre 15: Vivre en Harmonie - Examine la connexion humaine comme l'une des forces les plus puissantes qui façonnent notre existence, influençant directement notre santé émotionnelle, mentale et même physique.

Chapitre 16: Au-delà de la croissance matérielle - Aborde l'économie holistique comme une alternative innovante qui propose une vision intégrée, équilibrant développement, équité sociale et préservation de l'environnement.

Chapitre 17: Visions Systémiques pour un Monde Meilleur - Explore la politique et la gouvernance holistiques comme une réponse nécessaire aux défis complexes et interconnectés des sociétés modernes.

Chapitre 18: Outils pour l'intégration - Examine comment la technologie et l'innovation peuvent être utilisées comme des outils pour promouvoir l'intégration, la durabilité et le bien-être, à condition qu'elles soient guidées par des principes éthiques et une approche holistique.

Chapitre 19: Célébrer l'Unité dans la Pluralité - Aborde la diversité culturelle comme une richesse de l'humanité, soulignant l'importance de valoriser et de protéger la pluralité, tout en promouvant le respect mutuel et l'intégration harmonieuse entre les différentes traditions.

Chapitre 20: Construire un monde inclusif - Explore la quête de la justice sociale et de l'équité comme fondement essentiel pour construire des sociétés plus harmonieuses, durables et prospères.

Chapitre 21: Utopies et Dystopies Holistiques - Examine les différentes visions du futur, explorant les projections utopiques et dystopiques qui émergent lorsque l'on considère l'interdépendance entre la société, l'environnement et la technologie.

Chapitre 22: Convergeant vers une Nouvelle Réalité - Explore la convergence entre la science et la spiritualité comme une voie vers une compréhension plus large et intégrée du monde, où la connaissance rationnelle et la sagesse intuitive se complètent.

Chapitre 23: Transformation Globale - Aborde la transformation globale comme un processus continu de changements qui impliquent à la fois les grandes structures sociales et les actions individuelles.

Chapitre 24: La Quête du Sens de la Vie - Examine la quête du sens de la vie comme un voyage intrinsèque à l'expérience humaine, qui implique l'intégration harmonieuse entre les dimensions physique, mentale, émotionnelle et spirituelle de l'existence.

Chapitre 25: Vivre l'holisme au quotidien - Explore comment intégrer l'holisme dans la vie quotidienne, en adoptant des pratiques et des attitudes qui favorisent l'harmonie entre le corps, l'esprit et l'environnement.

Prologue

Il existe des livres qui informent, des livres qui inspirent, et des livres qui transforment. Celui que vous tenez entre vos mains appartient à cette dernière catégorie. Au fil des pages qui suivent, vous serez guidé à travers un voyage qui défie les perceptions conventionnelles, élargissant votre compréhension de la réalité et de votre propre rôle dans le monde.

Nous vivons à une époque de fragmentation. Nos pensées sont compartimentées, nos actions déconnectées, nos émotions souvent obscurcies par des couches de conditionnement social. Cependant, derrière le chaos apparent de la vie moderne, il existe un ordre profond, un entrelacement invisible qui nous unit à tout et à tous. Ce livre vous invite à percevoir cette interconnexion, à reconnaître que chaque choix, chaque pensée, chaque émotion influence non seulement votre propre existence, mais l'équilibre du tout.

Depuis l'aube de l'humanité, nous cherchons des réponses aux grandes questions de la vie. Qui sommes-nous ? Où allons-nous ? Quelle est la vraie nature de la réalité ? La science, la philosophie et la spiritualité ont emprunté des chemins distincts pour tenter de répondre à ces questions. Cependant, au lieu de se concurrencer, ces formes de connaissance se complètent – et c'est précisément cette perspective intégrée que ce livre présente.

La pensée holistique, souvent mal comprise, n'est pas une invitation à la négation de la raison, mais plutôt à son expansion. Elle ne s'oppose pas à la méthode scientifique, mais la transcende, reconnaissant que l'univers ne peut être réduit à des parties isolées, car sa véritable essence réside dans les relations, les interdépendances, les schémas subtils qui tissent la réalité.

En plongeant dans ces pages, vous serez guidé à travers l'histoire de la pensée holistique, des racines ancestrales qui la soutiennent jusqu'à son application dans la science moderne, l'écologie, la physique quantique et la psychologie. Vous découvrirez que l'univers est dynamique, vivant, vibrant – et que votre propre conscience fait partie de ce flux ininterrompu d'interconnexions.

Ce livre n'offre pas de réponses toutes faites. Il ne vous dira pas quoi penser, mais il vous apprendra à voir d'une manière nouvelle. Il n'impose pas de vérités absolues, mais ouvre des portes pour que vous découvriez vos propres vérités.

S'il y a un appel dans ces pages, c'est l'appel à la transformation. À l'expansion de la perception. À la redécouverte de ce qui a toujours été en vous, attendant d'être rappelé.

Êtes-vous prêt à voir au-delà de l'évidence ? Alors, permettez-vous de poursuivre. Le voyage commence maintenant.

Luiz Santos
Éditeur.

Chapitre 1
Une Vision Intégrée du Monde

La fragmentation de la pensée occidentale a ses racines dans le développement de la science moderne, qui, au fil des siècles, a construit une connaissance détaillée des aspects spécifiques de la réalité, mais souvent au détriment de la compréhension du tout. Cette tendance peut être observée dans divers domaines du savoir, de la biologie, qui étudie souvent les organismes isolément sans tenir compte de leurs écosystèmes, à l'économie, qui analyse les indicateurs financiers sans prendre en compte les impacts environnementaux et sociaux des activités productives. Cependant, l'approfondissement de ce modèle réductionniste a conduit à des conséquences néfastes, telles que des crises écologiques, des inégalités sociales et un sentiment croissant de déconnexion entre les individus et le monde qui les entoure. Le besoin d'une vision plus intégrée apparaît donc comme un contrepoint essentiel pour équilibrer ce paradigme, en promouvant une compréhension qui valorise autant les détails que les relations entre eux. Ce changement de perspective n'implique pas l'abandon de la méthode analytique, mais plutôt sa complémentation par une approche systémique, qui permette de voir l'interdépendance fondamentale entre les divers aspects de la réalité.

Adopter une vision holistique ne signifie pas seulement modifier la manière dont nous interprétons le monde, mais aussi transformer la façon dont nous agissons en son sein. La perception de l'interconnectivité nous conduit à une responsabilité élargie, car nous comprenons que chaque choix individuel se répercute dans une chaîne d'événements qui dépasse notre expérience immédiate. Prendre soin de l'environnement, par exemple, n'est pas seulement une question écologique, mais aussi une décision qui affecte la santé, l'économie et la qualité de vie des générations futures. De même, la recherche de l'équilibre émotionnel et mental n'est pas un processus isolé, mais quelque chose qui se reflète dans les relations interpersonnelles et dans la dynamique sociale dans son ensemble. En intégrant cette conscience dans nos décisions quotidiennes, nous devenons des agents de transformation, promouvant une culture basée sur la coopération, le respect mutuel et l'harmonie entre les divers éléments qui composent la vie. Cette perspective non seulement enrichit notre compréhension de la réalité, mais nous invite également à participer activement à la construction d'un monde plus durable et équilibré.

La fragmentation du monde moderne se reflète dans presque tous les aspects de notre vie, de la manière dont nous pensons à la façon dont nous organisons nos sociétés. Nous nous sommes habitués à catégoriser la réalité en opposés apparemment distincts: l'esprit et le corps, l'homme et la nature, l'individu et la société. Cette division n'est pas seulement une habitude mentale, mais un reflet profond des structures institutionnelles qui façonnent notre connaissance et nos interactions. La science, par exemple, segmente traditionnellement l'univers en parties isolées pour les étudier – atomes, cellules, organismes, sociétés – ignorant souvent les connexions et les interdépendances entre ces éléments. Cependant, en privilégiant l'étude des parties sans considérer le tout, nous courons le risque de perdre la compréhension essentielle des interactions qui donnent sens et cohérence à la réalité. C'est comme essayer de comprendre une symphonie en analysant chaque note séparément, sans jamais entendre la mélodie complète.

Cette approche réductionniste, bien qu'elle ait permis des avancées significatives dans la science et la technologie, a également imposé des limites à notre vision du monde. Au nom de la spécialisation, nous avons créé des disciplines et des champs de connaissance de plus en plus fragmentés, ce qui a rendu difficile la construction d'une compréhension large et intégrée de la vie. Cependant, au cours du XXe siècle, un mouvement contraire a commencé à prendre de l'ampleur: l'holisme, qui souligne que le tout est plus grand que la somme de ses parties. Cette idée n'est pas nouvelle; de nombreuses traditions philosophiques et spirituelles pointaient déjà vers cette interconnectivité. Le taoïsme, par exemple, a toujours mis l'accent sur l'harmonie entre les opposés, tandis que le bouddhisme propose l'interdépendance de toutes choses. De même, les connaissances ancestrales de diverses cultures indigènes reconnaissent la relation inséparable entre les humains, la nature et le cosmos.

Dans la science moderne, l'holisme a trouvé un écho dans divers domaines de la connaissance. En physique quantique, par exemple, on a découvert que les particules subatomiques ne peuvent être comprises isolément, car leurs états sont intriqués avec ceux d'autres particules, même à de grandes distances. En écologie, on comprend qu'un écosystème ne peut être réduit à une simple somme d'organismes, car l'interaction entre eux est fondamentale pour son existence. En psychologie, des approches ont émergé qui considèrent non seulement les aspects individuels de l'esprit, mais aussi les contextes sociaux et émotionnels dans lesquels l'individu est inséré.

Apporter cette perspective à notre quotidien signifie comprendre que nos actions ont des implications qui vont bien au-delà de nous-mêmes. Par exemple, prendre soin de l'environnement n'est pas seulement une attitude écologique, mais aussi un engagement envers la santé publique, la qualité de vie des générations futures et l'équilibre de l'économie elle-même. Une rivière polluée, en plus d'être un problème environnemental, a un impact sur la santé des personnes qui en dépendent, la productivité agricole et même l'économie des villes environnantes. De même, cultiver des relations saines et équilibrées ne profite pas seulement aux individus impliqués, mais renforce également le tissu social dans son ensemble, favorisant une plus grande coopération et un meilleur bien-être collectif.

Cependant, adopter une vision holistique présente également des défis. Comment intégrer différents domaines de la connaissance sans tomber dans la superficialité? Comment équilibrer les besoins individuels avec les besoins collectifs? Comment maintenir le respect des traditions tout en embrassant les innovations? Ces questions exigent une réflexion constante et un dialogue ouvert entre différents champs du savoir. Cependant, cette approche ouvre également de nouvelles opportunités, nous permettant de repenser notre relation avec le monde et les personnes qui nous entourent. L'holisme nous offre un chemin vers un avenir plus durable et harmonieux, où chaque choix effectué prend en compte non seulement les impacts immédiats, mais aussi ses répercussions à long terme.

En reconnaissant l'interconnectivité de toutes choses, nous élargissons non seulement notre compréhension intellectuelle, mais aussi notre capacité d'agir de manière plus consciente et efficace. Cela signifie adopter une posture qui valorise autant les connaissances spécialisées que la vision systémique, en recherchant des solutions qui tiennent compte de multiples facteurs et conséquences. L'éducation, par exemple, peut jouer un rôle fondamental dans ce processus, en promouvant un apprentissage qui non seulement informe, mais qui enseigne également à penser de manière intégrée, en connectant les disciplines et en encourageant une vision plus globale du monde. De même, les politiques publiques qui adoptent cette approche peuvent générer des impacts plus positifs et durables, en considérant les aspects environnementaux, sociaux et économiques comme faisant partie d'un même système interdépendant.

Plus qu'un changement théorique, cette perspective intégrée exige une transformation des attitudes et des valeurs qui guident nos choix quotidiens. L'empathie et la collaboration deviennent des piliers fondamentaux de cette nouvelle façon de vivre, car la conscience de l'interdépendance nous amène à reconnaître que le bien-être individuel ne peut être pleinement atteint que lorsque nous promouvons également le bien-être collectif. Des actions simples, comme la consommation responsable, la promotion de l'économie circulaire et la participation active aux communautés et aux projets collaboratifs, deviennent des expressions concrètes de ce nouveau paradigme. De cette manière, nous cessons d'être de simples spectateurs des changements du monde et devenons des agents actifs dans la construction d'un avenir plus équilibré.

En adoptant cette vision intégrée, nous commençons à percevoir que le monde n'est pas composé de parties isolées, mais d'un flux continu de relations qui s'influencent mutuellement. Cette compréhension ne signifie pas éliminer les différences, mais apprendre à les voir comme complémentaires, en favorisant un équilibre dynamique entre spécialisation et totalité, tradition et innovation, individualité et collectivité. Ainsi, au lieu de vivre prisonniers de la fragmentation qui a caractérisé une grande partie de l'histoire moderne, nous pouvons emprunter une voie qui harmonise la connaissance et la sagesse, la raison et l'intuition, la science et l'humanité. Cette nouvelle façon de percevoir et d'interagir avec le monde peut être le premier pas vers une transformation plus profonde, capable de nous reconnecter non seulement avec la nature et avec les autres, mais aussi avec nous-mêmes.

Chapitre 2
Des Origines Antiques à la Modernité

Loin d'être un concept récent, la pensée holistique plonge ses racines dans les traditions les plus anciennes de l'humanité. Dès les premiers témoignages philosophiques et religieux, différentes civilisations ont perçu l'existence d'un lien invisible connectant toutes choses. Cette compréhension a émergé tant de l'observation de la nature que du besoin d'interpréter la réalité de manière globale, surpassant les visions fragmentées du monde. L'idée que l'existence est un système intégré, où chaque élément influence et est influencé par le tout, imprègne les cultures et les systèmes de connaissance les plus divers. Cette approche n'est pas née d'un point géographique ou d'une tradition unique, mais s'est manifestée simultanément dans différentes parties du monde, s'adaptant aux spécificités culturelles de chaque peuple. Ainsi, l'holisme a traversé les siècles, influençant les modes de pensée et les pratiques qui s'étendent de la philosophie antique aux découvertes scientifiques les plus avancées.

Dans les civilisations d'Orient et d'Occident, l'holisme s'est exprimé de manières distinctes, mais toujours guidé par l'idée de totalité et d'interconnexion. En Orient, par exemple, les doctrines philosophicoreligieuses, comme le Taoïsme et le Bouddhisme, ont mis l'accent sur l'harmonie universelle et l'interdépendance entre toutes les formes d'existence. Le concept du Tao comme force unificatrice et le symbole du Yin-Yang illustrent la dualité complémentaire qui maintient l'équilibre cosmique. De même, la notion bouddhiste d'« origine dépendante » suggère que rien n'existe isolément, une conception qui fait écho à la vision écologique et systémique moderne du monde. En Occident, les présocratiques cherchaient déjà à comprendre l'unité derrière la diversité de l'univers. Héraclite, en affirmant que « tout coule », a introduit l'idée d'un monde en constante transformation, où les parties ne peuvent être comprises qu'à partir du tout. Platon et Aristote, chacun à leur manière, ont également contribué à une vision intégrée de la réalité, reconnaissant l'interrelation entre les différents aspects de l'existence.

Cette conception holistique, présente dans les cultures anciennes, a été reconfigurée au cours de l'histoire, connaissant des périodes d'obscurité et de résurgence. Durant le Moyen Âge, la pensée mécaniste a gagné en puissance, réduisant le monde à une structure compartimentée, où les phénomènes étaient analysés séparément. Cependant, l'holisme n'a jamais complètement disparu. Avec les progrès de la science moderne, en particulier la physique quantique et la biologie systémique, les preuves d'interconnectivité sont devenues indéniables. L'intrication quantique a démontré que des particules peuvent s'influencer mutuellement même à de grandes distances, défiant la vision cartésienne de séparation entre les éléments de l'univers. En biologie, la compréhension des organismes comme des systèmes intégrés et l'écologie comme une étude des interactions naturelles ont renforcé l'importance d'un regard global sur la vie. Dans le domaine de la psychologie, des approches comme celle de Carl Jung, avec son concept d'inconscient collectif, et la psychologie humaniste, avec son accent sur l'intégration de l'être, montrent que l'holisme s'étend également à la compréhension de l'esprit et du comportement humain. Aujourd'hui, face à des défis globaux qui exigent des solutions intégrées, la vision holistique ressurgit comme une nécessité urgente, offrant des pistes pour une approche plus équilibrée et durable de la réalité.

Les conceptions holistiques du monde ne sont pas une invention récente. Depuis les débuts de la civilisation, différentes cultures ont développé des manières de percevoir la réalité comme un tout intégré, où chaque élément existe en relation avec l'autre. En Orient, par exemple, le Taoïsme a émergé en Chine aux alentours du VIe siècle avant J.-C., présentant une vision de l'univers fondée sur le Tao, une force universelle invisible qui imprègne toutes choses. Le célèbre symbole du Yin-Yang exprime cette idée d'interconnexion et d'équilibre, représentant la dualité complémentaire qui structure l'existence — lumière et obscurité, masculin et féminin, repos et mouvement, tous coexistant et s'influençant mutuellement.

Le Bouddhisme, à son tour, a introduit un concept essentiellement holistique : le principe de l'« origine dépendante » ou « interdépendance ». Selon cette vision, rien dans l'univers n'existe de façon isolée ; tout ce qui apparaît, apparaît en relation avec autre chose. Cela résonne directement avec l'idée que le tout est plus grand que la somme de ses parties, un principe fondamental de la pensée holistique.

En Occident, les philosophes présocratiques réfléchissaient déjà sur l'unité sous-jacente au cosmos. Héraclite, par exemple, a forgé la célèbre expression « panta rhei » — « tout coule » — suggérant que la réalité est un processus dynamique en constante transformation, où rien ne demeure fixe et tout est interconnecté. Platon, avec sa théorie des Idées, croyait que le monde physique était une manifestation imparfaite d'une réalité supérieure et interconnectée, tandis qu'Aristote soulignait que la compréhension du tout était essentielle pour comprendre les parties.

Outre les grandes traditions philosophiques et religieuses, l'holisme a toujours été présent dans les cultures indigènes à travers le monde. Pour de nombreux peuples autochtones, la Terre n'est pas seulement un espace physique, mais une entité vivante, une mère sacrée qui nourrit et soutient tous les êtres. Chez les Guarani, par exemple, il existe le concept de la « Terre sans maux », une représentation d'un monde en équilibre et en harmonie, où les êtres humains vivent en communion avec la nature. Cette vision holistique se reflète dans les pratiques quotidiennes de ces cultures, qui ont toujours mis l'accent sur l'interdépendance entre humains, animaux, plantes et éléments naturels.

Ces traditions ancestrales portent une sagesse fondamentale qui résonne profondément à notre époque, marquée par des crises environnementales et sociales. La conception que le bien-être de l'humanité est intrinsèquement lié à la santé de la planète est une idée qui se révèle plus pertinente que jamais face aux défis écologiques que nous affrontons.

Malgré le fait d'avoir été une vision prédominante durant l'Antiquité, la pensée holistique a été progressivement supplantée par le mécanisme durant le Moyen Âge et, plus tard, par la Révolution scientifique. L'univers a commencé à être compris comme une grande machine composée de parties isolées et prévisibles, régie par des lois mathématiques immuables. Cependant, au XXe siècle, avec les avancées scientifiques, l'holisme a resurgi avec force, apportant de nouvelles perspectives sur l'interconnectivité du cosmos.

En physique, les découvertes d'Albert Einstein sur la relativité et les progrès de la mécanique quantique ont transformé la vision déterministe de l'univers. Le phénomène de l'intrication quantique, par exemple, a révélé que des particules subatomiques peuvent s'influencer mutuellement instantanément, même étant séparées par de grandes distances. Cette découverte a remis en question la compréhension traditionnelle de l'espace et du temps et apporté une nouvelle perspective sur l'interconnectivité fondamentale de la réalité.

La biologie a également connu une révolution dans ce sens. Le biologiste Ludwig von Bertalanffy a développé la Théorie des Systèmes, qui a démontré que les organismes ne peuvent pas être compris comme de simples ensembles de parties isolées, mais plutôt comme des systèmes intégrés, où chaque élément joue un rôle dans l'équilibre du tout. L'écologie, à son tour, a montré que les écosystèmes fonctionnent comme des réseaux complexes d'interactions, où toutes les formes de vie sont interconnectées dans un cycle dynamique de dépendance mutuelle.

La pensée holistique a également trouvé sa place en philosophie et en psychologie. Des philosophes comme Alfred North Whitehead ont développé une vision processuelle de l'univers, arguant que la réalité n'est pas composée d'objets statiques, mais plutôt d'événements et de relations en constante transformation. Ken Wilber, d'un autre côté, a structuré une approche appelée « théorie intégrale », qui cherche à synthétiser différents champs de la connaissance au sein d'un modèle unifié.

En psychologie, Carl Jung a apporté une contribution significative en présentant le concept d' « inconscient collectif », une couche profonde de la psyché qui relie tous les êtres humains par le biais d'archétypes partagés. Ce concept suggère que l'esprit humain ne peut pas être compris de manière isolée, mais plutôt comme faisant partie d'un tout plus grand qui transcende l'individu. De plus, des approches comme la psychologie humaniste et la psychologie transpersonnelle ont commencé à mettre l'accent sur l'intégration entre le corps, l'âme et l'esprit, proposant un modèle de bien-être basé sur l'équilibre entre ces aspects.

Au XXIe siècle, l'holisme devient plus pertinent que jamais. Le monde est confronté à des défis globaux complexes, tels que le changement climatique, la perte de la biodiversité et les inégalités sociales, des problèmes qui ne peuvent être résolus avec des approches fragmentées. L'interdépendance est une réalité incontournable, et comprendre les phénomènes de manière systémique peut nous aider à trouver des solutions plus efficaces à ces crises.

En adoptant une vision holistique, nous en venons à reconnaître que toutes nos actions ont des conséquences qui se répercutent au-delà de nous-mêmes. Cette compréhension peut guider des politiques publiques plus durables, des pratiques commerciales plus responsables et un style de vie plus conscient, favorisant un équilibre entre le progrès matériel et le bien-être collectif.

La trajectoire de la pensée holistique, depuis ses racines anciennes jusqu'à sa resignification dans la science moderne, nous enseigne une leçon fondamentale : tout est interconnecté. Et, à mesure que nous avançons vers l'avenir, cette vision intégrée peut nous aider à construire un monde plus harmonieux et durable, où chaque partie contribue à l'équilibre du tout.

La redécouverte de l'holisme dans le monde contemporain n'est pas seulement une tendance intellectuelle, mais une nécessité pratique face aux défis que nous rencontrons. À mesure que la technologie progresse et que l'interconnectivité mondiale s'intensifie, il devient évident que des problèmes complexes ne peuvent être résolus de manière isolée. La crise climatique, par exemple, n'est pas seulement une question environnementale, mais aussi économique, sociale et politique, exigeant des solutions qui prennent en compte de multiples dimensions simultanément. La pensée fragmentée, qui a autrefois permis des avancées significatives, se révèle aujourd'hui insuffisante pour gérer la complexité du monde actuel, renforçant l'urgence d'approches qui intègrent différents domaines de la connaissance.

Dans ce contexte, des disciplines comme l'écologie profonde, l'économie régénérative et la médecine intégrative montrent comment l'holisme peut être appliqué en pratique, favorisant des solutions qui respectent l'interdépendance des systèmes. Des modèles économiques basés sur la circularité des ressources, des traitements médicaux qui considèrent non seulement le corps physique, mais aussi les aspects émotionnels et spirituels du patient, et des politiques publiques qui abordent le bien-être de manière globale sont des exemples de la façon dont cette perspective est intégrée dans différents domaines. Plus qu'un concept théorique, l'holisme émerge comme un paradigme capable d'orienter des choix plus équilibrés et durables, tant au niveau individuel que collectif.

En regardant vers l'avenir, la continuité de cette resignification dépendra de notre capacité à surmonter les divisions artificielles et à percevoir le monde comme un organisme vivant, dynamique et interdépendant. La sagesse ancestrale qui a fondé les conceptions holistiques peut ainsi trouver de nouvelles formes d'expression dans la science et la société, encourageant un modèle de développement plus harmonieux. Le défi qui se présente n'est pas seulement de comprendre cette vision, mais de l'appliquer concrètement, en transformant la manière dont nous interagissons avec la planète, avec les autres et avec nous-mêmes.

Chapitre 3
Connexions entre le Tout et les Parties

La relation entre le tout et les parties constitue une question fondamentale dans l'histoire de la pensée humaine, se reflétant dans diverses traditions philosophiques qui ont cherché à comprendre l'interconnexion entre les éléments de la réalité. Depuis les civilisations les plus anciennes, la perception que la nature, la société et la connaissance elle-même forment des systèmes intégrés a conduit au développement de conceptions qui transcendent la vision fragmentée du monde. La quête pour comprendre le fonctionnement de cette totalité a impulsé des débats sur la nature de l'existence, la structure de la réalité et les principes qui régissent la relation entre les individus et l'univers. La pensée holistique a émergé comme une réponse à cette inquiétude, proposant qu'aucune entité ne peut être pleinement comprise isolément, mais seulement dans son contexte plus large. Cette approche, présente depuis la philosophie pré-socratique jusqu'aux conceptions contemporaines, a façonné le développement de la connaissance en suggérant que la complexité de l'univers ne se réduit pas à la somme de ses parties, mais se manifeste dans des schémas d'interdépendance qui structurent toute l'expérience humaine.

L'évolution de la pensée philosophique montre que la compréhension du monde a toujours oscillé entre perspectives réductionnistes et holistiques. Alors que certains courants ont cherché à analyser la réalité de manière atomistique, la fragmentant en éléments distincts et isolés, d'autres ont souligné la nécessité de voir l'univers comme un tout interconnecté. Cette tension conceptuelle a généré des débats profonds sur l'essence de l'existence et a influencé la manière dont différentes sociétés ont interprété les phénomènes naturels, politiques et sociaux. La vision holistique, en revanche, en soulignant les connexions intrinsèques entre les composantes du monde, a permis l'émergence de théories qui valorisent l'interdépendance et la complémentarité des phénomènes. Ainsi, la philosophie, depuis ses débuts, a été un terrain fertile pour des investigations qui défient les notions simplistes et promeuvent une vision plus intégrée de la réalité.

La reconnaissance des connexions entre le tout et les parties non seulement fonde diverses traditions philosophiques, mais offre également une structure conceptuelle pour comprendre les relations humaines, les dynamiques naturelles et les principes éthiques qui régissent la vie en société. L'idée que chaque individu fait partie d'un système plus vaste a des implications profondes dans de multiples domaines du savoir, influençant de l'éthique et la politique à la science et la spiritualité. Cette compréhension suggère que les phénomènes ne peuvent être analysés de manière isolée, car leurs caractéristiques émergent du réseau d'interactions qui les constituent. Ainsi, tout au long de l'histoire de la pensée, l'holisme s'est révélé une approche essentielle pour la construction d'une compréhension plus large et sophistiquée de l'existence, inspirant des réflexions qui restent pertinentes dans le monde contemporain.

Dans la Grèce antique, l'idée d'holisme était déjà présente dans les réflexions de penseurs comme Héraclite et Parménide, qui, bien qu'ayant des visions apparemment contrastées, partageaient l'intérêt de comprendre la réalité comme une totalité interconnectée. Héraclite, avec sa célèbre maxime "tout coule" (panta rhei), voyait l'univers comme un mouvement constant, où toutes les choses étaient en transformation et les opposés, loin de s'annuler, se complétaient en réalité. Pour lui, l'harmonie du cosmos résidait précisément dans ce flux incessant, dans lequel l'unité ne pouvait être comprise que par l'interaction entre les contraires. Le changement n'était pas une perturbation de l'ordre, mais l'essence même de l'existence.

D'un autre côté, Parménide allait dans la direction opposée, soutenant que l'être était un, immuable et indivisible. Pour lui, la multiplicité et le changement perçus dans le monde étaient illusoires, fruits d'une perception erronée des sens. La vraie connaissance devait se baser sur la raison, qui révélerait la réalité comme un tout cohérent et statique. L'apparente divergence entre Héraclite et Parménide, loin d'invalider leurs contributions, démontrait la richesse de la pensée philosophique grecque en explorant la dualité entre permanence et transformation, unité et multiplicité, anticipant des débats qui traverseraient les siècles.

Platon, influencé par cette tradition, a affiné la notion de totalité dans sa théorie des formes. Pour lui, le monde sensible, tel que nous le percevons, n'était qu'une ombre imparfaite d'une réalité supérieure et immuable. Les formes idéales – concepts absolus comme la justice, la beauté et la vérité – existaient de manière pleine et parfaite dans un plan transcendant, tandis que tout ce que nous expérimentons dans la réalité concrète était une manifestation imparfaite de ces essences. Ainsi, pour Platon, comprendre le tout signifiait aller au-delà des apparences et accéder à la structure sous-jacente de la réalité, où tout était intégré dans une unité supérieure.

Son disciple, Aristote, bien qu'ayant une approche plus empirique et axée sur l'observation du monde naturel, soutenait également l'importance de comprendre les phénomènes dans un contexte plus large. Dans sa métaphysique, il a introduit le concept de "cause finale" (telos), affirmant que chaque être possède un but inhérent qui le relie au tout. Pour Aristote, la compréhension complète de toute entité ne pouvait être atteinte qu'en considérant sa fonction et son rôle dans le grand schéma de l'univers. Sa pensée a ouvert la voie à des approches qui conciliaient l'étude des parties sans perdre de vue la totalité de l'existence.

Déjà à l'époque moderne, l'holisme a continué à se développer, même si souvent en contraste avec le réductionnisme croissant de la science émergente. Baruch Spinoza a proposé une vision radicalement unitaire de la réalité dans son œuvre Éthique, où il soutenait que Dieu et la nature étaient une seule et même substance infinie (Deus sive Natura). Pour lui, tout dans l'univers était une expression de cette substance unique, et les apparentes distinctions entre les êtres n'étaient que des modes différents de cette même réalité fondamentale. Cette perspective panthéiste a non seulement renforcé l'idée d'interconnexion entre toutes choses, mais a également servi de base à des conceptions plus intégratives de l'existence.

Gottfried Wilhelm Leibniz, à son tour, a formulé la théorie des "monades", entités indivisibles qui composaient toute la réalité. Bien que chaque monade fût autonome, toutes étaient harmonisées dans une "harmonie préétablie", c'est-à-dire un arrangement divinement orchestré qui assurait la cohérence de l'univers. Cette conception mettait l'accent sur l'interdépendance entre toutes les parties du cosmos, suggérant que, même si chaque élément semblait agir de manière isolée, il participait en réalité à un tout cohérent et bien structuré.

Avec l'arrivée du XXe siècle, la notion d'holisme s'est étendue au-delà de la philosophie, influençant des domaines comme la biologie, la physique et la théorie des systèmes. Alfred North Whitehead, dans Procès et Réalité, a formulé une philosophie du processus, dans laquelle il défendait que la réalité ne devait pas être vue comme une collection d'objets statiques, mais comme un flux continu d'événements interconnectés. Pour lui, chaque événement était façonné par ses relations avec d'autres événements, soulignant l'importance de l'interdépendance et du dynamisme dans la structure du cosmos.

Ken Wilber, l'un des penseurs contemporains les plus influents dans le domaine de l'holisme, a développé une approche intégrale qui cherche à unifier la science, la philosophie et la spiritualité. Dans sa théorie du "spectre de la conscience", il soutient que la réalité peut être comprise en multiples couches, depuis les aspects les plus matériels jusqu'aux plus subtils et spirituels. Pour Wilber, une vision véritablement holistique doit intégrer différentes perspectives et niveaux d'analyse, reconnaissant que chaque niveau de l'existence est intrinsèquement lié aux autres.

Au-delà de ses implications théoriques, l'holisme a également d'importantes répercussions éthiques. Si tout dans l'univers est interconnecté, alors nos actions ne nous affectent pas seulement nous-mêmes, mais se répercutent sur toute la toile de l'existence. Cette perspective nous invite à agir avec responsabilité, empathie et conscience des conséquences de nos actes. Martin Buber, dans Je et Tu, a souligné l'importance des relations authentiques et dialogiques, dans lesquelles nous voyons l'autre non pas comme un objet à utiliser (Cela), mais comme un être authentique et digne de reconnaissance (Tu). Ce mode de relation renforce le principe holistique selon lequel l'existence ne peut être pleinement comprise que dans l'interconnexion entre les individus.

Ainsi, l'holisme, depuis ses débuts dans la philosophie grecque jusqu'à sa formulation contemporaine, a été un pilier essentiel du développement de la pensée humaine. Il nous enseigne que la réalité ne peut être fragmentée en parties isolées, car sa véritable essence réside dans les connexions qui unissent toutes choses. En adoptant cette vision, nous pouvons parvenir à une compréhension plus profonde de l'existence et agir de manière plus harmonieuse dans le monde.

Cette compréhension élargie de la réalité nous met également au défi de repenser la manière dont nous structurons la connaissance et organisons nos sociétés. La pensée occidentale a longtemps privilégié la spécialisation et la fragmentation du savoir, ce qui, malgré des avancées significatives dans la science et la technologie, nous a souvent conduits à perdre de vue les relations fondamentales entre les phénomènes. Aujourd'hui, cependant, nous sommes confrontés à une ère où la complexité des problèmes mondiaux exige une approche plus intégrée. Les questions environnementales, sociales et technologiques sont interconnectées, et seule une pensée qui prend en compte ces connexions peut apporter des réponses efficaces aux défis contemporains.

Ce besoin d'un regard plus systémique se reflète dans divers domaines de la connaissance, de la médecine intégrative, qui cherche à comprendre la santé comme un équilibre entre le corps, l'esprit et l'environnement, à la physique quantique, qui démontre l'interdépendance des particules subatomiques. Dans la sphère sociale, les mouvements qui prônent une économie circulaire et un modèle de développement durable partent également de ce principe holistique, reconnaissant que le bien-être humain dépend de l'harmonie avec l'environnement et les systèmes dans lesquels nous sommes insérés. Cette resignification de l'holisme au XXIe siècle représente ainsi un retour à une sagesse ancestrale, désormais soutenue par de nouvelles découvertes et perspectives scientifiques.

S'il y a une chose que la trajectoire de la pensée holistique nous enseigne, c'est que la réalité ne peut être comprise sans tenir compte des connexions qui la structurent. Que ce soit en philosophie, en science ou en éthique, l'idée que le tout et les parties s'influencent mutuellement nous invite à voir le monde avec plus de profondeur et de responsabilité. L'avenir de l'humanité dépend en grande partie de notre capacité à reconnaître cette interdépendance et à agir en conséquence, en promouvant une coexistence plus équilibrée et consciente entre les individus, les sociétés et la nature.

Chapitre 4
Physique Quantique, Biologie et Écologie

La science contemporaine révèle une réalité profondément interconnectée, dans laquelle les phénomènes naturels ne peuvent être compris isolément, mais comme des parties d'un système dynamique et interdépendant. L'avancée des connaissances a démontré que tant les plus petites structures de l'univers que les systèmes vivants et écologiques fonctionnent au moyen de relations complexes, où chaque élément influence et est influencé par le tout. Cette perspective défie la vision mécaniste traditionnelle, qui cherchait à comprendre la nature en la fragmentant en parties plus petites. Au lieu de cela, il est évident que les processus naturels opèrent de manière intégrée, suggérant que la compréhension pleine de la réalité exige un regard holistique. Cette approche a été fondamentale pour les progrès dans divers domaines de la connaissance, révélant des connexions qui passaient auparavant inaperçues et permettant que de nouvelles théories soient formulées sur la base de l'interdépendance des phénomènes.

En physique, en biologie et en écologie, la pensée holistique a joué un rôle central en soulignant que l'interaction entre les composants d'un système génère des propriétés émergentes qui ne peuvent être prédites par l'analyse isolée de ses parties. À l'échelle subatomique, les phénomènes quantiques démontrent que des particules apparemment séparées peuvent être corrélées de manière instantanée, indépendamment de la distance qui les sépare, défiant les conceptions classiques de l'espace et du temps. Dans l'étude des organismes vivants, on observe que leurs fonctions dépendent d'un réseau complexe d'interactions cellulaires et biochimiques, rendant impossible de comprendre la vie sans tenir compte de la totalité de ses processus. En écologie, on constate que la survie de toute espèce est directement liée à l'équilibre de l'environnement dans lequel elle vit, démontrant que la nature fonctionne comme un système unifié et dynamique.

Cette vision intégrée non seulement élargit la compréhension scientifique, mais transforme également la manière dont les êtres humains interagissent avec le monde. La conscience que chaque action impacte le tout nous amène à repenser les modèles de développement, de production et de coexistence, en promouvant des approches plus durables et éthiques pour faire face aux défis du XXIe siècle. L'interdisciplinarité émerge comme un élément essentiel pour la solution de problèmes globaux, unissant les connaissances de différents champs pour traiter des questions comme les changements climatiques, la dégradation environnementale et la santé collective. Ainsi, l'holisme dans la science ne fournit pas seulement une structure pour comprendre la complexité de l'univers, mais oriente également les pratiques et les décisions qui visent l'harmonie entre les systèmes naturels et humains, impulsant une vision plus intégrée et responsable de la réalité.

La physique quantique a apporté une révolution dans la manière dont nous comprenons la réalité en révélant que l'univers opère de manière profondément interconnectée. Un des phénomènes les plus fascinants de ce champ est l'intrication quantique, dans laquelle deux particules peuvent devenir si intimement liées que l'altération de l'état de l'une influence instantanément l'autre, indépendamment de la distance qui les sépare. Cette caractéristique défie la vision classique d'un monde fragmenté et suggère une unité sous-jacente qui transcende les notions traditionnelles d'espace et de temps. Albert Einstein, intrigué par cette particularité, y a fait référence comme à une « action fantôme à distance », reconnaissant la complexité du phénomène, même sans l'accepter complètement.

Outre l'intrication, un autre principe fondamental de la physique quantique est celui de l'incertitude, formulé par Werner Heisenberg. Il a établi qu'il n'est pas possible de mesurer simultanément avec exactitude la position et le moment d'une particule. Cette limitation ne découle pas de failles instrumentales, mais de la nature même de l'univers, qui se comporte de manière probabiliste et interdépendante. Cela implique que l'observateur et le phénomène observé ne sont pas dissociés ; au contraire, la présence de l'observateur influence directement le résultat de la mesure. Avec cela, la physique quantique défie la conception d'un univers composé d'entités isolées, révélant que tout fait partie d'un réseau dynamique d'interactions.

Si à l'échelle subatomique l'interconnexion est un principe fondamental, en biologie, l'holisme se manifeste dans l'organisation des êtres vivants. La Théorie des Systèmes, proposée par Ludwig von Bertalanffy, défend que les organismes ne peuvent être réduits à de simples collections de parties indépendantes, car ils fonctionnent comme des systèmes ouverts en constante interaction avec l'environnement. Chaque cellule, tissu et organe contribue à l'équilibre du tout, opérant dans une harmonie qui transcende la somme des parties individuelles.

Un exemple notable de cette perspective est le concept d'émergence, dans lequel des caractéristiques nouvelles et complexes surgissent de l'interaction entre des composants plus simples. La conscience humaine illustre bien cette idée : elle ne peut être expliquée seulement par l'analyse isolée des neurones, car elle émerge du réseau complexe de connexions entre eux. De la même manière, des propriétés comme l'auto-organisation et l'adaptation des organismes démontrent que la vie se structure de manière holistique, chaque élément jouant un rôle fondamental pour le fonctionnement du système comme un tout.

De plus, la biologie met également en évidence l'interdépendance des êtres vivants par le biais des relations symbiotiques. De nombreuses espèces coexistent dans des associations qui garantissent des bénéfices mutuels, comme cela se produit entre les racines des plantes et les champignons mycorhiziens.

Cette interaction permet aux plantes d'absorber les nutriments du sol avec plus d'efficacité, tandis que les champignons obtiennent des glucides essentiels à leur survie. Ce type de coopération n'est pas l'exception, mais plutôt la règle dans la nature, montrant que la vie se soutient à travers un réseau d'interrelations.

En écologie, la perspective holistique devient encore plus évidente lorsqu'on considère les écosystèmes comme des systèmes hautement interconnectés. James Lovelock, à travers la Théorie de Gaïa, a suggéré que la Terre se comporte comme un organisme vivant autorégulateur, dans lequel la biosphère, l'atmosphère, les océans et le sol interagissent pour maintenir des conditions favorables à la vie. Ce modèle suggère que les éléments de la planète n'opèrent pas de manière isolée, mais sont connectés par des cycles naturels qui garantissent la stabilité et l'équilibre de l'environnement.

Un exemple classique du fonctionnement holistique de l'écologie sont les chaînes et les réseaux alimentaires, dans lesquels chaque organisme occupe un rôle essentiel. Les producteurs primaires, comme les plantes, soutiennent les herbivores, qui à leur tour servent de nourriture aux prédateurs. La suppression d'une seule espèce peut déclencher des effets en cascade, déstabilisant tout l'écosystème. Ce phénomène souligne la nécessité de préserver la biodiversité, car l'extinction d'une espèce peut compromettre la survie d'innombrables autres qui en dépendent directement ou indirectement.

Un autre aspect crucial de l'écologie est la résilience des écosystèmes, qui correspond à la capacité de se remettre de perturbations, comme les catastrophes naturelles ou les actions humaines. Les systèmes écologiques sains, caractérisés par une riche diversité d'organismes et d'interactions, tendent à être plus résilients, car ils possèdent des mécanismes naturels de compensation et d'adaptation. Cette compréhension renforce l'importance des pratiques durables et de la conservation environnementale, car un écosystème dégradé perd sa capacité de régénération et peut s'effondrer.

Face à ces constats, la science moderne a reconnu de plus en plus la nécessité d'une approche holistique pour comprendre et résoudre les défis du monde contemporain. La science des systèmes complexes, par exemple, étudie comment les modèles et les propriétés émergent de l'interaction de multiples composants, appliquant cette connaissance à divers domaines, de la météorologie à l'économie. L'interdisciplinarité devient donc un outil essentiel pour faire face aux problèmes globaux, tels que le changement climatique et la perte de biodiversité.

En adoptant un regard intégré, nous percevons qu'il n'est pas possible de traiter les questions environnementales, sociales et scientifiques de manière isolée. Les solutions efficaces exigent la prise en compte des interrelations entre les différents domaines de la connaissance, en promouvant des stratégies qui englobent les multiples aspects de la réalité. Ainsi, l'holisme dans la science non seulement élargit notre compréhension de l'univers, mais oriente également les décisions qui recherchent un meilleur équilibre entre l'humanité et la nature, garantissant un avenir plus durable et harmonieux.

Cette nouvelle perspective scientifique nous invite à repenser profondément la relation entre les êtres humains et le monde naturel. Si tout est interconnecté, alors nos actions, aussi petites soient-elles, se répercutent à des échelles bien plus grandes que nous ne l'imaginons. La dégradation environnementale, par exemple, n'affecte pas seulement les écosystèmes lointains, mais revient sous la forme de changements climatiques, de crises hydriques et d'effondrements de la biodiversité qui ont un impact direct sur notre qualité de vie. De même, les progrès de la médecine et de la biotechnologie montrent que prendre soin de la santé humaine exige de prendre en compte non seulement les aspects biologiques isolés, mais aussi les facteurs environnementaux, sociaux et psychologiques, en reconnaissant que le bien-être individuel s'inscrit dans un contexte plus large.

Cette vision intégrée prend encore plus d'importance lorsqu'elle est appliquée aux modèles économiques et sociaux. Les systèmes de production basés sur l'exploitation effrénée des ressources naturelles se révèlent insoutenables à long terme, conduisant à la recherche d'alternatives comme l'économie régénérative et l'agroécologie, qui respectent les cycles de la nature et favorisent l'équilibre entre développement et conservation. De même, les politiques publiques efficaces doivent tenir compte de l'interconnexion entre les facteurs environnementaux, éducatifs et de santé, en garantissant des solutions plus justes et globales aux défis de la société contemporaine. La reconnaissance que chaque élément influence le tout renforce l'importance des approches collaboratives et transdisciplinaires dans la construction d'un avenir plus durable.

En unifiant les connaissances de la physique, de la biologie et de l'écologie sous un regard holistique, nous percevons que la science ne se contente pas de décrire la réalité, mais nous oriente également sur la manière d'interagir avec elle de façon plus harmonieuse. La compréhension que nous vivons dans un univers interconnecté nous invite à adopter un rôle plus responsable dans nos choix quotidiens, que ce soit dans la consommation consciente, la préservation de l'environnement ou la valorisation de relations humaines plus empathiques et coopératives. Si nous voulons garantir un avenir viable pour les générations futures, nous devons reconnaître que la séparation entre la nature et l'humanité n'est qu'une illusion - et que l'équilibre du tout dépend de la conscience et des actions de chaque partie.

Chapitre 5
La Quête de l'Unité

La spiritualité a toujours été enracinée dans la recherche de la compréhension de l'unité essentielle qui imprègne toute existence. Depuis les temps les plus reculés, diverses traditions spirituelles ont développé des concepts qui mettent l'accent sur l'interconnexion entre l'être humain, l'univers et le principe divin ou transcendant. Cette vision holistique ne se contente pas de reconnaître la présence d'un ordre sous-jacent à la réalité, mais propose également que la séparation entre les êtres est, en grande partie, une illusion générée par une perception limitée. Tout au long de l'histoire, la spiritualité a servi de moyen pour dissoudre cette illusion, en promouvant l'idée que chaque individu est une expression d'un tout plus vaste, interconnecté par des forces visibles et invisibles qui soutiennent la vie. Ainsi, que ce soit par la contemplation, la méditation ou les pratiques rituelles, l'expérience spirituelle cherche à transcender la fragmentation et à révéler l'harmonie inhérente à l'existence.

En examinant différentes traditions spirituelles, on perçoit un dénominateur commun dans la valorisation de l'unité fondamentale de l'univers. En Orient, des systèmes comme l'hindouisme et le bouddhisme enseignent que la vraie réalité transcende les distinctions apparentes entre les êtres et que l'éveil spirituel se produit lorsque l'on perçoit cette interdépendance essentielle. En Occident, des courants mystiques au sein du christianisme et de l'islam décrivent également des états de communion profonde avec le divin, dans lesquels la séparation entre le soi et l'autre se dissout. Au-delà de ces grandes traditions, des systèmes spirituels plus liés à la nature, comme les croyances indigènes et le shintoïsme, reflètent une compréhension holistique du monde, dans laquelle chaque élément de la création est vu comme sacré et faisant partie d'un tout vivant et dynamique. De cette manière, la spiritualité, indépendamment de son origine culturelle, invite l'individu à se percevoir non pas comme une entité isolée, mais comme un maillon dans un vaste réseau de relations cosmiques.

Dans le monde contemporain, cette vision holistique de la spiritualité ressurgit comme une réponse aux crises existentielles et environnementales qui marquent l'ère moderne. Face à la fragmentation promue par le matérialisme et l'individualisme, le besoin d'une approche qui restaure le sentiment d'appartenance à un tout plus vaste se fait croissant. La spiritualité contemporaine intègre souvent des sagesses ancestrales avec des découvertes scientifiques, proposant que la conscience, la matière et l'énergie forment une toile inséparable. Des mouvements comme l'écologie spirituelle et les pratiques contemplatives gagnent en force en offrant des voies pour restaurer la connexion entre l'être humain et la planète, reconnaissant que la guérison individuelle est directement liée à l'équilibre du monde environnant. De cette façon, la spiritualité holistique non seulement élargit la compréhension de la réalité, mais inspire également un mode de vie plus harmonieux et conscient, guidé par la reconnaissance de l'interdépendance qui unit toutes les formes d'existence.

L'Unité dans les Traditions Spirituelles se manifeste de diverses manières à travers les traditions religieuses et philosophiques du monde, reflétant une perception commune selon laquelle la réalité ultime est une totalité indivisible. Dans l'hindouisme, ce principe est représenté par le concept de Brahman, l'essence absolue et transcendante qui imprègne toutes choses. Décrit comme la réalité suprême, Brahman est au-delà des distinctions et des dualités de l'existence commune. Selon les écritures védiques et les Upanishads, atteindre la perception de cette unité est l'objectif final du voyage spirituel. Les sages hindous enseignent que l'identité individuelle, ou atman, n'est pas séparée de Brahman, mais plutôt une manifestation de celui-ci. La réalisation de ce principe, connue sous le nom de moksha, se produit lorsque l'illusion de la séparation se dissout, permettant à l'individu de comprendre sa vraie nature en tant que partie inséparable du tout.

Dans le bouddhisme, l'interconnexion fondamentale de l'existence est exprimée par le concept de pratītyasamutpāda, ou origine dépendante. Cette vision suggère que tout ce qui existe surgit en relation avec d'autres choses, sans essence fixe ou indépendante. L'enseignement central de Bouddha souligne que l'idée d'un soi séparé est illusoire, une construction mentale qui génère de la souffrance. La libération, ou nirvana, se produit lorsque l'on transcende cette illusion et que l'on perçoit l'interdépendance absolue entre tous les phénomènes. La pratique spirituelle bouddhiste, incluant la méditation et la pleine conscience, vise à dissoudre la perception erronée de la séparation, permettant au pratiquant d'expérimenter l'unité inhérente à la réalité.

Dans le taoïsme, cette idée d'unité se manifeste dans la conception du Tao, la force universelle qui circule à travers toutes choses et qui transcende la compréhension intellectuelle. Le Tao Te Ching, œuvre fondamentale attribuée à Lao Tseu, décrit le Tao comme le principe fondamental de l'existence, un flux naturel qu'il faut suivre plutôt que de lui résister. La pratique spirituelle dans le taoïsme consiste à s'aligner sur ce flux, en reconnaissant que toutes les dualités - lumière et ombre, yin et yang, vie et mort - sont des expressions d'une seule réalité sous-jacente. Pour le pratiquant taoïste, l'harmonie survient lorsque l'on accepte cette interdépendance et que l'on vit en accord avec le rythme naturel de l'univers, au lieu d'essayer d'imposer un contrôle artificiel sur la vie.

L'Expérience de l'Unité est décrite dans plusieurs traditions spirituelles comme un état mystique dans lequel la perception de la séparation disparaît, laissant place à un profond sentiment d'appartenance au tout. Dans le christianisme, cette expérience est relatée par des mystiques comme Saint Jean de la Croix et Sainte Thérèse d'Avila, qui ont décrit des moments de fusion avec le divin dans lesquels le soi individuel se dissout dans la présence de Dieu. Saint Jean de la Croix, dans son poème "Nuit obscure de l'âme", parle d'un voyage spirituel dans lequel l'identité de l'individu est absorbée par la lumière divine, aboutissant à une expérience d'amour et d'unité absolus. Pour Sainte Thérèse, cet état d'union se manifeste comme une extase profonde, dans laquelle l'âme se perçoit immergée en Dieu, sans distinction entre sujet et objet.

Dans le soufisme, la tradition mystique de l'islam, la quête de l'unité avec Dieu est exprimée à travers le concept de fana, qui signifie l'annihilation de l'ego en présence divine. Les soufis voient cette dissolution du soi comme le but du voyage spirituel, un processus dans lequel l'individu transcende les limites de l'identité personnelle et expérimente la totalité de l'Être. Le poète soufi Rumi a capturé cette expérience dans ses vers, décrivant l'amour divin comme un feu qui consume l'individualité, ne laissant que la vérité essentielle de l'existence. Pour Rumi, Dieu n'est pas séparé du monde, mais présent en toutes choses, et la véritable réalisation spirituelle se produit lorsque l'on reconnaît cette unité inhérente.

La Spiritualité et la Nature jouent également un rôle fondamental dans la compréhension de l'unité cosmique. Dans de nombreuses traditions indigènes, la Terre est vénérée comme une mère sacrée, et tous les êtres vivants sont considérés comme faisant partie d'une grande toile interconnectée. Parmi les peuples autochtones d'Amérique du Nord, par exemple, la spiritualité est profondément enracinée dans la relation avec la nature, où les montagnes, les rivières et les animaux sont vus comme dotés d'esprit et de conscience.

Le respect de la nature n'est pas seulement une question écologique, mais un principe spirituel essentiel, qui soutient l'harmonie entre les humains et le monde qui les entoure.

Dans le shintoïsme, religion traditionnelle du Japon, le caractère sacré de la nature s'exprime dans le concept de kami, esprits qui habitent les montagnes, les forêts, les rivières et même les objets inanimés. Les rituels shintoïstes cherchent à honorer ces esprits, reconnaissant que la vie humaine est profondément liée à l'environnement naturel. La préservation de la nature n'est pas seulement perçue comme une nécessité matérielle, mais comme un devoir sacré, car détruire la nature est considéré comme un acte de manque de respect envers les kami. Cette vision inspire des pratiques qui mettent l'accent sur l'équilibre et la révérence pour le monde naturel, favorisant un mode de vie en harmonie avec les rythmes de l'univers.

Dans le monde moderne, la nécessité de se reconnecter à cette vision holistique de l'existence a conduit de nombreuses personnes à rechercher des formes de spiritualité qui intègrent des sagesses anciennes avec des découvertes contemporaines. La Spiritualité dans le Monde Moderne se manifeste dans des mouvements comme l'écologie spirituelle, qui combine la préoccupation environnementale avec une compréhension spirituelle de la nature. Cette approche reconnaît que la crise environnementale est, en son essence, également une crise spirituelle - un reflet de la déconnexion entre l'humanité et la planète. De nombreuses traditions spirituelles enseignent que prendre soin de la Terre n'est pas seulement une responsabilité écologique, mais un acte sacré, et que restaurer cette connexion peut être une voie vers la guérison tant de l'individu que du monde qui l'entoure.

La méditation et autres pratiques contemplatives ont gagné en importance en tant qu'outils pour cultiver cette conscience d'unité. Des techniques comme la pleine conscience (mindfulness), la méditation transcendantale et le yoga aident à calmer l'esprit et à élargir la perception, permettant au pratiquant d'expérimenter un sentiment profond d'interconnexion avec tout ce qui l'entoure. Ces pratiques non seulement procurent du bien-être psychologique, mais favorisent également un changement dans la façon dont les individus se relacionnent avec le monde, encourageant un style de vie plus compatissant, durable et aligné sur les principes d'unité et d'harmonie.

De cette façon, la spiritualité contemporaine ne recherche pas seulement des réponses métaphysiques, mais également des solutions aux défis concrets de l'existence. En reconnaissant que la guérison de la planète et la réalisation spirituelle sont interconnectées, un nouveau paradigme émerge qui valorise l'interdépendance entre tous les êtres. Que ce soit à travers les traditions anciennes ou les nouvelles interprétations de la spiritualité, la quête de l'unité continue d'être un axe central du voyage humain, inspirant des manières plus conscientes et harmonieuses de vivre.

Cette quête de l'unité, présente dans les plus diverses traditions spirituelles, reflète une aspiration profonde de l'être humain à l'appartenance et au sens. Dans un monde de plus en plus fragmenté, où l'individualité est souvent exaltée au détriment de la collectivité, le sauvetage de cette vision intégrée devient essentiel. La compréhension que la séparation entre les êtres est une illusion ne transforme pas seulement la façon dont nous nous percevons nous-mêmes, mais influence également directement nos relations interpersonnelles et notre connexion avec la planète. Lorsque nous réalisons que nous faisons partie d'un tout plus grand, nous commençons à agir avec plus d'empathie, de responsabilité et de respect, reconnaissant que chaque geste, aussi petit soit-il, a des répercussions sur la grande toile de l'existence.

Cependant, ce voyage vers l'unité ne se limite pas au domaine de la spiritualité traditionnelle. À bien des égards, la science contemporaine a corroboré cette vision, démontrant que l'interdépendance est une caractéristique fondamentale de la réalité. La physique quantique suggère que la séparation entre la matière et l'énergie est illusoire, tandis que l'écologie montre que la survie de chaque être dépend de l'équilibre de l'écosystème qui l'entoure. Ce dialogue entre la spiritualité et la science renforce l'idée que l'unité n'est pas seulement un concept philosophique ou religieux, mais une vérité fondamentale de l'existence. Ainsi, la rencontre avec cette perspective peut être la clé pour relever les défis du présent, en promouvant un mode de vie plus harmonieux et durable.

Tout au long de l'histoire, la quête de l'unité a guidé l'humanité sur des chemins divers, que ce soit dans la contemplation silencieuse des moines, dans les danses rituelles des peuples ancestraux ou dans les recherches des scientifiques qui tentent de déchiffrer les mystères du cosmos. En fin de compte, toutes ces approches convergent vers une même perception : nous sommes tous des parties d'un grand tout, interconnectés de manières que nous ne comprenons souvent pas complètement. Et peut-être que la plus grande leçon de ce voyage est précisément celle-ci : il n'y a pas de séparation entre nous et l'univers, entre le spirituel et le matériel, entre le passé et le futur. Il n'y a que le flux continu de l'existence, nous invitant, à chaque instant, à nous éveiller à la profonde unité qui nous relie.

Chapitre 6
L'Hypothèse Gaïa

La conception de la Terre comme un système vivant et dynamique gagne du terrain scientifique avec l'Hypothèse Gaïa, proposée par James Lovelock. Cette théorie présente la Terre comme un système intégré, où les organismes vivants et les composants physiques interagissent continuellement pour maintenir des conditions propices à la vie. Contrairement aux visions traditionnelles qui analysent les éléments de la planète de manière isolée, l'Hypothèse Gaïa met en avant l'interdépendance entre la biosphère, l'atmosphère, l'hydrosphère et la géosphère, soutenant que la vie elle-même influence activement la stabilité de l'environnement. Cette perspective suggère que les processus biologiques ne sont pas de simples produits de l'environnement terrestre, mais jouent un rôle essentiel dans sa régulation, créant un équilibre dynamique au fil du temps. Le concept de Gaïa non seulement élargit la compréhension du fonctionnement de la planète, mais remet également en question les approches conventionnelles de la science, proposant un modèle systémique dans lequel les interactions entre les organismes et leur milieu déterminent l'habitabilité de la Terre.

L'idée centrale de l'hypothèse n'implique pas que la Terre possède une conscience ou une intention, mais plutôt que ses processus naturels opèrent de manière autorégulatrice, comme un organisme vivant maintiendrait son homéostasie. Des preuves suggèrent que la composition de l'atmosphère, par exemple, n'est pas un reflet passif de processus chimiques et physiques, mais plutôt le résultat de l'interaction entre la vie et l'environnement. La stabilité des niveaux d'oxygène, la régulation du climat et le maintien de la salinité des océans sont quelques-uns des mécanismes qui soutiennent cette vision. L'équilibre des gaz atmosphériques, tels que l'oxygène et le dioxyde de carbone, se produit parce que les organismes photosynthétiques ajustent la composition de l'air, tandis que les réactions chimiques et les processus géologiques complètent cette régulation. Ce modèle systémique démontre comment la vie, des micro-organismes aux écosystèmes complexes, façonne et est façonnée par l'environnement dans un cycle continu d'ajustements et de réponses. La proposition de Lovelock établit donc un nouveau paradigme pour l'étude de la planète, encourageant une approche plus intégrée et holistique des relations écologiques et géophysiques.

L'Hypothèse Gaïa soulève également des questions sur l'impact de l'activité humaine sur l'équilibre de la planète. Si la vie, au cours de milliards d'années, a participé activement au maintien des conditions idéales pour sa propre existence, la rapide modification environnementale causée par l'homme peut représenter une menace pour cette stabilité. Les changements climatiques, la pollution et la destruction des écosystèmes perturbent les mécanismes naturels de régulation, altérant la capacité de la Terre à s'adapter et à maintenir son équilibre. Cette vision renforce la nécessité d'une pensée plus large et durable, dans laquelle l'humanité reconnaît sa participation au système terrestre dans son ensemble. Comprendre la Terre sous la perspective de Gaïa nous amène à considérer que toute intervention dans l'environnement doit être analysée non seulement dans ses effets immédiats, mais aussi dans son influence sur les processus globaux qui soutiennent la vie.

L'origine de l'Hypothèse Gaïa remonte aux années 1970, lorsque le scientifique James Lovelock, en collaboration avec la microbiologiste Lynn Margulis, développait des méthodes pour détecter la vie sur d'autres planètes pour la NASA. Au cours de ses recherches, Lovelock a commencé à réaliser que l'atmosphère terrestre n'était pas seulement un reflet passif de processus physiques et chimiques, mais le résultat d'une interaction constante entre les organismes vivants et leur environnement. Cette prise de conscience a conduit à la formulation de l'hypothèse selon laquelle la Terre, dans son ensemble, fonctionne comme un système dynamique et autorégulateur, capable de maintenir des conditions propices à la vie au fil du temps.

Le nom "Gaïa" a été suggéré par l'écrivain William Golding, ami de Lovelock, inspiré par la déesse grecque qui personnifie la Terre. Le choix de ce nom renforçait l'idée d'une planète vivante, dans laquelle les processus biologiques et géologiques travaillent ensemble pour assurer sa stabilité. Lovelock a adopté ce terme pour souligner l'interdépendance entre les éléments naturels et la vie, remettant en cause la vision fragmentée qui prédominait dans la science jusqu'alors. Sa proposition n'impliquait pas que la Terre ait une conscience ou une intention, mais plutôt que ses mécanismes naturels fonctionnaient de manière similaire à l'homéostasie d'un organisme vivant.

L'Hypothèse Gaïa repose sur quelques principes fondamentaux qui décrivent comment les composants de la planète interagissent pour maintenir l'équilibre nécessaire à la vie. Un des aspects centraux de cette hypothèse est le concept de feedback, ou rétroaction, qui régule des facteurs essentiels comme la température, la composition atmosphérique et la salinité des océans.

Un exemple classique est la régulation du climat. La concentration de gaz dans l'atmosphère, comme le dioxyde de carbone (CO_2) et le méthane (CH_4), a une influence directe sur la température globale. Lorsqu'il y a une augmentation de la température, certains processus biologiques, comme la photosynthèse, peuvent s'intensifier, absorbant plus de CO_2 et réduisant l'effet de serre. Ce mécanisme de feedback négatif contribue à éviter les variations extrêmes de température, maintenant des conditions habitables.

Un autre exemple significatif de l'autorégulation terrestre est le maintien de la salinité des océans. Les rivières transportent constamment des sels minéraux vers les mers, ce qui pourrait, au fil du temps, augmenter la salinité à des niveaux incompatibles avec la vie.

Cependant, cette accumulation excessive ne se produit pas en raison de l'action de processus biologiques et géologiques, tels que la formation de sédiments et l'action de micro-organismes marins qui éliminent les sels de l'eau. Cet équilibre dynamique empêche les océans de devenir excessivement salés et assure la survie des écosystèmes aquatiques.

La conception de la Terre comme un système vivant met l'accent sur l'interconnexion entre ses composants et l'importance de la comprendre de manière intégrée. L'Hypothèse Gaïa nous invite à abandonner la vision fragmentée de la planète et à reconnaître que toutes les formes de vie, des micro-organismes aux écosystèmes les plus complexes, jouent un rôle fondamental dans le maintien des conditions environnementales. Cette perspective systémique s'aligne sur la science moderne des systèmes terrestres, qui étudie l'interaction entre les éléments biotiques et abiotiques de la planète.

Bien que l'Hypothèse Gaïa ait été accueillie avec scepticisme à ses débuts, ses idées fondamentales ont été progressivement intégrées à la pensée scientifique contemporaine. Initialement, de nombreux scientifiques ont remis en question l'hypothèse, arguant qu'elle manquait de preuves concrètes et que l'idée d'une planète autorégulatrice semblait exagérée. Cependant, avec l'avancée des recherches sur les cycles biogéochimiques, il est devenu clair que les organismes vivants jouent un rôle essentiel dans la régulation de l'environnement terrestre. Des études ont démontré que la composition de l'atmosphère, la température globale et d'autres facteurs environnementaux ne sont pas de simples produits du hasard, mais reflètent des interactions complexes entre la biosphère et les autres composants de la planète.

Aujourd'hui, l'Hypothèse Gaïa est largement reconnue comme une contribution précieuse à la science des systèmes terrestres. Bien que l'idée que la Terre fonctionne comme un organisme vivant suscite encore des débats, le concept selon lequel elle fonctionne comme un système interdépendant est largement accepté. La compréhension du fait que la vie influence activement l'environnement a contribué à reformuler la manière dont nous étudions les changements climatiques, l'écologie et la géophysique.

Les implications de cette hypothèse vont au-delà de la science et touchent directement aux questions environnementales et à la relation de l'humanité avec la planète. Si la Terre a été capable de maintenir des conditions favorables à la vie pendant des milliards d'années, les actions humaines peuvent représenter une menace significative pour cet équilibre. La pollution, la déforestation et l'émission excessive de gaz à effet de serre perturbent les mécanismes naturels de régulation et peuvent compromettre la stabilité climatique et écologique de la planète. Le réchauffement climatique, l'augmentation de l'acidité des océans et la perte de biodiversité sont des exemples de la manière dont les activités humaines affectent les processus naturels qui soutiennent la vie.

La perspective offerte par l'Hypothèse Gaïa nous amène à réfléchir sur la nécessité d'une approche plus holistique et durable pour faire face aux défis environnementaux. Au lieu de traiter des problèmes tels que le réchauffement climatique ou l'extinction d'espèces de manière isolée, nous devons tenir compte des liens entre tous les éléments du système terrestre. Les solutions aux crises environnementales ne peuvent se limiter à des mesures palliatives; il faut adopter des stratégies intégrées qui prennent en compte l'interdépendance entre le climat, la biodiversité, les ressources en eau et les activités humaines.

De cette manière, l'Hypothèse Gaïa nous enseigne que chaque action a des répercussions sur l'ensemble du système planétaire. Si nous voulons garantir un avenir durable, il est essentiel de reconnaître notre participation active à la dynamique terrestre et d'assumer la responsabilité de préserver l'équilibre qui a permis l'existence de la vie pendant si longtemps. Cette vision non seulement transforme notre compréhension scientifique de la Terre, mais renforce également la nécessité d'un engagement collectif en faveur de la préservation de l'environnement.

Au fil des décennies, l'Hypothèse Gaïa a inspiré de nouvelles approches scientifiques et philosophiques sur la relation entre la vie et l'environnement. Son impact va au-delà du monde universitaire, influençant les mouvements écologiques, les politiques environnementales et même l'éthique environnementale. L'idée que la Terre fonctionne comme un système autorégulateur renforce l'urgence de repenser notre rôle sur la planète, non pas comme des dominateurs de la nature, mais comme des participants actifs à un équilibre qui se construit depuis des milliards d'années. Ce changement de perspective suggère qu'au lieu d'exploiter les ressources naturelles sans tenir compte de leurs conséquences, nous devons apprendre des mécanismes naturels de régulation et d'adaptation que la Terre elle-même nous offre.

En intégrant cette vision systémique à notre compréhension de la planète, nous pouvons développer des technologies et des stratégies qui fonctionnent en harmonie avec les processus naturels, minimisant les impacts négatifs et promouvant un modèle de développement durable. La science des systèmes terrestres, alimentée par des idées dérivées de l'Hypothèse Gaïa, continue de progresser, révélant comment les interactions entre les organismes et l'environnement façonnent l'avenir de la vie sur la planète. La prise de conscience croissante des changements climatiques et la nécessité de transitions énergétiques sont le reflet de cette compréhension plus large, qui nous amène à envisager des solutions fondées sur les cycles naturels et les processus régénératifs.

Ainsi, l'Hypothèse Gaïa reste un rappel que la Terre n'est pas seulement un décor pour la vie, mais un système vivant en soi, dans lequel chaque élément joue un rôle fondamental dans le maintien des conditions environnementales. Reconnaître cette interdépendance nous met au défi d'agir avec plus de responsabilité et de sensibilité face aux crises écologiques auxquelles nous sommes confrontés. La véritable durabilité ne sera atteinte que lorsque nous considérerons la Terre non pas comme une ressource à exploiter, mais comme un organisme dont nous faisons partie, et dont la santé et l'équilibre sont essentiels à la continuité de la vie.

Chapitre 7
Respect de l'interconnexion de la vie

La compréhension de l'interconnexion entre toutes les formes de vie sur la planète transforme la manière dont les êtres humains perçoivent leur rôle dans le monde naturel. L'écologie profonde apparaît comme une réponse à la vision réductionniste et utilitariste qui a historiquement dominé les relations entre l'humanité et l'environnement. Au lieu de considérer la nature uniquement comme une ressource à exploiter, cette approche propose une transformation radicale de la manière dont les personnes interagissent avec les écosystèmes, en reconnaissant l'interdépendance intrinsèque entre tous les êtres vivants. Cette perspective ne se limite pas à des ajustements techniques ou à des solutions palliatives aux problèmes environnementaux, mais vise une révolution de la conscience, de la culture et des valeurs humaines, en promouvant une vision intégrée et respectueuse de la vie. En affirmant que chaque être possède une valeur intrinsèque, indépendamment de son utilité pour l'humanité, l'écologie profonde défie la mentalité dominante et invite la société à réévaluer ses attitudes, ses politiques et ses habitudes envers la planète.

Cette nouvelle approche philosophique et environnementaliste souligne que la crise écologique n'est pas seulement un problème technique à résoudre avec des innovations scientifiques, mais plutôt une crise de valeurs qui exige des changements profonds dans la façon de penser et d'agir. La dégradation des écosystèmes, la perte de la biodiversité et l'effondrement climatique ne sont pas des événements isolés, mais des symptômes d'un paradigme erroné qui sépare les humains de la nature et les place en position de domination. L'écologie profonde propose, en revanche, un modèle de coexistence dans lequel l'humanité reconnaît son insertion dans un réseau complexe de vie, où toutes les espèces jouent des rôles essentiels dans l'équilibre de la planète. Cette vision défie la structure hiérarchique traditionnelle qui place les intérêts humains au-dessus des autres êtres vivants et suggère un changement vers un modèle biocentrique, où chaque organisme a droit à l'existence et à l'épanouissement dans son propre contexte écologique.

En adoptant cette perspective, l'écologie profonde inspire des pratiques et des mouvements visant à construire un avenir durable et régénérateur. La valorisation de la diversité biologique et culturelle, la recherche de modes de vie plus simples et durables, et la défense de la justice écologique sont quelques-uns des principes qui émergent de cette philosophie. Les communautés autosuffisantes, la permaculture, la restauration des écosystèmes dégradés et l'éducation écologique sont des exemples concrets de la manière dont cette vision peut être appliquée au quotidien. Bien qu'elle soit critiquée pour son radicalisme et pour remettre en question les structures socio-économiques établies, l'écologie profonde offre une voie pour repenser la relation entre l'humanité et la nature, en promouvant un monde plus équilibré et harmonieux. Cette transformation ne se produit pas seulement par le biais de changements politiques ou économiques, mais par un éveil collectif à l'interconnectivité de la vie et à la responsabilité partagée de préserver la planète pour les générations futures.

Le terme « écologie profonde » a été inventé par le philosophe norvégien Arne Naess en 1973, marquant une distinction essentielle entre une approche superficielle de l'écologie et une compréhension plus philosophique et holistique de la relation entre l'humanité et la nature. Pour Naess, la crise environnementale transcende la sphère technique et s'enracine dans un problème de valeurs et de vision du monde. Alors que l'écologie traditionnelle se concentre souvent sur la résolution des problèmes environnementaux par des mesures pragmatiques et palliatives, l'écologie profonde propose une révolution plus globale dans la manière dont les êtres humains perçoivent leur connexion à la planète.

La base de cette philosophie a été fortement influencée par diverses traditions spirituelles et philosophiques, comme le bouddhisme et le taoïsme, qui mettent l'accent sur l'harmonie avec la nature, ainsi que par les visions du monde indigènes qui ont toujours entretenu une relation de respect et de réciprocité avec l'environnement. La pensée holistique a également contribué de manière significative, en fournissant une perspective systémique sur les processus naturels et l'interdépendance entre les organismes. De plus, des personnalités comme Rachel Carson, auteur de *Printemps silencieux*, et Aldo Leopold, avec son éthique de la terre exprimée dans *A Sand County Almanac*, ont apporté des contributions fondamentales en soulignant les impacts de l'action humaine sur les écosystèmes et la nécessité d'une approche plus éthique et responsable.

Afin de structurer cette vision, Arne Naess et George Sessions ont élaboré, en 1984, un ensemble de principes fondamentaux qui définissent l'écologie profonde. Le premier principe établit la valeur intrinsèque de toutes les formes de vie, indépendamment de leur utilité pour les êtres humains. Ce concept rompt avec la mentalité anthropocentrique prédominante, reconnaissant que chaque organisme a droit à l'existence et au développement dans sa propre niche écologique. La diversité biologique et culturelle est également valorisée, car elle garantit la résilience des écosystèmes et renforce l'adaptation des êtres vivants aux changements environnementaux.

Un autre principe essentiel de l'écologie profonde est la nécessité d'un changement de comportement humain. Pour garantir la santé de la planète, il est impératif de réduire l'interférence excessive dans les écosystèmes et d'adopter des modes de vie plus simples et durables. Cela implique une révision des modes de consommation, une plus grande conscience de l'impact environnemental des activités humaines et un effort pour aligner les pratiques quotidiennes sur l'équilibre écologique.

La justice écologique occupe également une place centrale dans cette perspective. L'exploitation indiscriminée de la nature est directement liée à la marginalisation des communautés vulnérables, en particulier celles qui dépendent directement des ressources naturelles pour leur survie. Ainsi, la lutte pour la préservation de l'environnement ne peut être dissociée de la recherche de l'équité sociale, car ces deux aspects sont profondément liés.

L'interdépendance entre tous les êtres vivants renforce cette vision, car elle montre que le bien-être humain est intrinsèquement lié à la santé de la planète. Lorsque les écosystèmes sont détruits ou modifiés de manière irréversible, les impacts retombent non seulement sur les espèces qui les habitent, mais aussi sur les populations humaines qui dépendent des services écosystémiques pour leur survie, comme l'eau potable, l'air pur et les sols fertiles.

L'écologie profonde propose également une notion élargie de l'autoréalisation, encourageant les individus à se percevoir comme faisant partie d'un réseau vivant et interconnecté, plutôt que comme des agents isolés dans un monde fragmenté. Cette compréhension transforme la façon dont les gens voient leur identité et leur but, favorisant un sentiment d'appartenance et de responsabilité envers l'environnement.

Au niveau politique et social, la décentralisation du pouvoir est présentée comme une voie viable pour promouvoir une plus grande durabilité. Les communautés locales autosuffisantes, fondées sur des modèles coopératifs et participatifs, peuvent jouer un rôle crucial dans la construction de sociétés plus justes et résilientes. Cela implique une redistribution des décisions à des niveaux plus proches des réalités locales, permettant une gestion plus efficace et respectueuse des ressources naturelles.

De plus, l'écologie profonde défend l'action directe et non violente comme un moyen légitime de promouvoir la justice écologique et de protéger l'environnement. Les manifestations, les boycotts et les pratiques de résistance pacifique deviennent des outils essentiels pour faire pression en faveur du changement et sensibiliser la société à l'urgence de la crise environnementale.

L'adoption d'une vision holistique de la nature est l'une des caractéristiques centrales de l'écologie profonde, car elle rejette l'idée que l'humanité occupe une place supérieure dans la hiérarchie de la vie. Au lieu de cela, elle propose que les êtres humains reconnaissent leur rôle au sein d'un système plus vaste et interdépendant, dans lequel chaque organisme a une fonction essentielle. Ce changement de perspective a des implications profondes pour les modes de consommation, les modèles économiques et les relations sociales, en encourageant des pratiques plus responsables et harmonieuses.

Cette approche se traduit par une série d'applications pratiques qui couvrent divers domaines de la vie quotidienne. Dans le secteur agricole, par exemple, l'écologie profonde promeut des méthodes de culture durables, comme la permaculture et l'agriculture biologique, qui respectent les cycles naturels et minimisent l'impact environnemental. La restauration écologique est un autre aspect essentiel, avec des initiatives visant à restaurer les zones dégradées et à conserver la biodiversité.

L'encouragement d'un mode de vie plus simple et conscient fait également partie de cette philosophie. Cela ne signifie pas renoncer au confort ou au progrès, mais repenser les habitudes de consommation, réduire le gaspillage et privilégier des pratiques plus durables. L'éducation à l'environnement joue un rôle fondamental dans ce processus, car c'est par la sensibilisation que l'on peut promouvoir une transformation durable de la mentalité collective.

Malgré ses précieuses contributions, l'écologie profonde n'est pas exempte de critiques. Certains soutiennent que sa proposition est utopique et difficile à mettre en œuvre dans le contexte mondialisé et industrialisé actuel. D'autres font remarquer que l'accent mis sur la réduction de l'interférence humaine peut négliger les besoins des populations des pays en développement, qui dépendent souvent de l'exploitation des ressources naturelles pour leur subsistance.

Cependant, ses défenseurs soutiennent que la gravité de la crise environnementale exige des changements radicaux dans la manière dont l'humanité interagit avec la planète. Ils affirment que les mesures palliatives ne suffisent pas à relever les défis écologiques du XXIe siècle et que seule une transformation profonde des valeurs et des habitudes peut garantir un avenir durable pour les générations futures.

Ainsi, l'écologie profonde offre non seulement un ensemble de principes philosophiques, mais aussi un appel à l'action, encourageant une nouvelle relation entre les êtres humains et le monde naturel. En reconnaissant l'interconnectivité de la vie et en assumant la responsabilité de la préservation des écosystèmes, la société peut faire un pas important vers un avenir plus équilibré, où le respect de la nature et la justice écologique sont des valeurs centrales.

L'adoption de cette perspective exige un engagement continu envers le changement, tant au niveau individuel que collectif. Les petits choix quotidiens, comme la réduction de la consommation des ressources, le soutien aux pratiques agricoles durables et la valorisation de la biodiversité, s'ajoutent aux actions politiques et sociales qui remettent en question les modèles de développement prédateurs. La transition vers une société plus harmonieuse avec la nature ne se fait pas instantanément, mais se renforce à mesure que davantage de personnes prennent conscience de la nécessité de repenser leurs relations avec le monde naturel.

Plus qu'une philosophie abstraite, l'écologie profonde invite à l'expérimentation pratique de nouvelles formes de coexistence et d'organisation. Les projets de régénération environnementale, les mouvements de résistance écologique et les réseaux de soutien communautaire montrent que le changement est possible et que des alternatives durables sont déjà en cours de construction. L'urgence des crises environnementales, loin d'être un obstacle, peut servir de catalyseur à une transformation collective, impulsée par ceux qui reconnaissent l'interdépendance de la vie et souhaitent agir en sa faveur.

L'interconnexion entre tous les êtres vivants nous rappelle que nos actions ont des répercussions bien au-delà du présent immédiat. En reconnaissant la valeur intrinsèque de la nature et en adoptant une attitude de respect et de coopération, l'humanité a la possibilité de redéfinir son rôle sur la planète. La construction d'un avenir durable ne dépend pas seulement des progrès technologiques ou des changements politiques, mais d'une révolution dans la façon dont nous percevons et vivons notre relation avec le monde naturel.

Chapitre 8
Holisme et Durabilité

La quête d'un avenir durable exige un changement profond dans notre manière de comprendre et d'interagir avec le monde. Sur une planète où les défis environnementaux, sociaux et économiques sont intrinsèquement liés, il devient essentiel d'abandonner les visions fragmentées et d'adopter une approche holistique, qui reconnaisse l'interdépendance entre tous les systèmes. La crise climatique, l'épuisement des ressources naturelles, les inégalités sociales et l'instabilité économique ne sont pas des problèmes isolés, mais les symptômes d'un modèle de développement qui privilégie les gains immédiats au détriment de l'harmonie à long terme. Pour surmonter ces défis, il est fondamental d'intégrer les connaissances, l'innovation et les valeurs éthiques, en promouvant une vision qui respecte les limites de la nature, garantisse la justice sociale et impulse une économie durable.

L'approche holistique part du principe qu'aucune solution efficace ne peut être trouvée sans considérer l'impact de chaque action au sein de l'ensemble plus large du système global. Les solutions traditionnelles, souvent limitées à des ajustements ponctuels, échouent car elles ignorent les liens vitaux entre les différents secteurs et aspects de la vie humaine et environnementale. Lorsque les politiques publiques ou les progrès technologiques cherchent à corriger un problème spécifique sans tenir compte de ses effets dans d'autres domaines, les résultats peuvent être contradictoires. Par exemple, les pratiques agricoles intensives augmentent la production alimentaire à court terme, mais appauvrissent les sols, contaminent les sources d'eau et contribuent à la déforestation, créant ainsi de nouveaux problèmes environnementaux et sociaux. De même, les solutions énergétiques qui réduisent les émissions de carbone peuvent avoir des impacts négatifs si elles ne sont pas planifiées de manière intégrée, comme la concurrence entre les biocarburants et la sécurité alimentaire. L'holisme propose que chaque décision soit prise avec une vision large, en tenant compte de la manière dont les différents facteurs interagissent et s'influencent mutuellement au fil du temps.

    Face à cette réalité, la durabilité holistique se présente comme une voie essentielle pour redéfinir notre relation avec la planète et avec nous-mêmes. La transition vers ce modèle exige des changements structurels dans l'économie, la culture et la façon dont nous organisons nos sociétés, en privilégiant un équilibre dynamique entre la préservation de l'environnement, le développement économique et le bien-être social. Cela signifie encourager des pratiques telles que l'économie circulaire, qui réduit le gaspillage et optimise les ressources ; l'agriculture régénératrice, qui maintient la fertilité des sols et protège la biodiversité ; et la planification urbaine durable, qui intègre les espaces verts, les transports efficaces et l'inclusion sociale. En outre, l'éducation joue un rôle central dans cette transformation, en promouvant une conscience collective tournée vers des solutions intégrées et à long terme. Ce n'est qu'en reconnaissant que toutes les formes de vie et les activités humaines font partie d'un système interconnecté qu'il sera possible de construire un avenir véritablement durable, fondé sur l'harmonie entre progrès et préservation.

La nécessité d'une approche holistique devient évidente lorsque l'on analyse les limites de la durabilité traditionnelle, qui se concentre souvent séparément sur les aspects environnementaux, sociaux et économiques. Ce modèle fragmenté peut conduire à des solutions qui, bien que résolvant un problème spécifique, créent de nouveaux défis dans d'autres domaines. Un exemple clair est la production de biocarburants, qui vise à réduire les émissions de carbone, mais peut entraîner une déforestation accélérée et une concurrence pour les terres agricoles, compromettant la sécurité alimentaire et la biodiversité. Il devient donc essentiel d'adopter une vision intégratrice, en comprenant que chaque action dans un secteur se répercute sur l'ensemble du système global.

L'holisme nous invite à considérer ces piliers comme interconnectés et interdépendants, exigeant que toute solution durable prenne en compte les interactions complexes entre les systèmes environnementaux, sociaux et économiques. Au lieu d'interventions isolées, nous avons besoin de stratégies qui abordent les défis dans leur globalité, en promouvant des bénéfices mutuels et en évitant les effets secondaires négatifs. Un exemple est le développement de politiques de reboisement qui, en plus de capturer le carbone, régénèrent également les écosystèmes, protègent les sources d'eau et favorisent l'inclusion sociale en impliquant les communautés locales dans la restauration environnementale. Cette approche systémique est indispensable pour garantir que les réponses aux défis mondiaux soient efficaces et durables.

La durabilité holistique repose sur des principes essentiels qui guident la création de solutions équilibrées et intégrées. Le premier de ces principes est l'interconnexion, qui reconnaît que tous les domaines de la vie sont liés et qu'aucune action ne se produit isolément. Cela signifie que les changements dans l'utilisation des terres, la production industrielle ou la consommation d'énergie auront des impacts qui vont au-delà de leurs secteurs directs, affectant la biodiversité, le climat et la société dans son ensemble.

L'équilibre est un autre principe central, car il vise à harmoniser les besoins environnementaux, sociaux et économiques, en veillant à ce qu'aucune de ces dimensions ne soit privilégiée au détriment des autres. Les modèles de développement durable doivent être conçus de manière à permettre la croissance économique sans compromettre l'intégrité des écosystèmes ni accroître les inégalités sociales.

La résilience est également un pilier essentiel. Les systèmes durables doivent être capables de s'adapter et de se remettre des perturbations, qu'il s'agisse de crises économiques, de changements climatiques ou de catastrophes naturelles. Des stratégies telles que la diversification des sources d'énergie, le renforcement de l'agriculture locale et la mise en place d'infrastructures résilientes sont des exemples de la manière dont la durabilité holistique peut accroître la capacité d'adaptation de la société face aux défis futurs.

Un autre aspect fondamental est la justice, qui exige la répartition équitable des bénéfices et des coûts de la durabilité. Cela signifie que les politiques environnementales ne peuvent pas nuire aux communautés vulnérables et que les décisions concernant l'utilisation des ressources naturelles doivent tenir compte des générations actuelles et futures. L'inclusion des populations marginalisées dans les processus décisionnels et la mise en œuvre de mécanismes de compensation équitable sont des stratégies qui garantissent que le progrès durable soit véritablement démocratique.

Enfin, la vision à long terme est indispensable à une approche holistique, car les choix faits aujourd'hui auront des impacts durables. Planifier les villes, les infrastructures et les modèles économiques en tenant compte de leur impact sur les générations futures est essentiel pour éviter les solutions palliatives qui ne font que reporter les problèmes. Les investissements dans l'éducation à l'environnement, la conservation des ressources naturelles et les technologies durables sont des mesures qui garantissent un avenir équilibré et prospère.

Dans la pratique, la durabilité holistique peut être appliquée dans divers domaines, apportant des solutions innovantes aux défis urbains, agricoles et industriels. Dans la planification urbaine, par exemple, un modèle holistique ne se limite pas à l'infrastructure physique, mais prend en compte la qualité de vie, l'inclusion sociale et la résilience environnementale. Cela implique la création d'espaces verts qui favorisent le bien-être et réduisent la température des villes, la promotion des transports publics durables et l'intégration de technologies qui minimisent la consommation d'énergie et de ressources.

Dans l'agriculture, l'approche holistique se manifeste par l'adoption de pratiques régénératrices qui visent à restaurer la santé des sols, à conserver l'eau et à protéger la biodiversité. Des techniques telles que l'agroforesterie, qui combine des espèces agricoles et des arbres indigènes pour créer des écosystèmes productifs et équilibrés, la rotation des cultures pour maintenir la fertilité des sols et l'utilisation de compost organique pour réduire la dépendance aux engrais synthétiques sont des stratégies qui favorisent un système alimentaire durable.

Un autre exemple significatif est l'économie circulaire, un modèle qui propose un changement radical dans la façon dont nous utilisons les ressources. Contrairement au modèle linéaire "extraire, produire et jeter", l'économie circulaire repose sur la réutilisation, le recyclage et la régénération des matériaux, réduisant ainsi le gaspillage et maximisant l'efficacité. Les entreprises qui adoptent cette approche investissent dans des emballages biodégradables, des procédés de production qui minimisent les déchets et des systèmes de logistique inverse pour la réutilisation des produits.

L'éducation joue également un rôle essentiel dans ce processus, car un modèle d'enseignement holistique va au-delà de la transmission d'informations techniques et encourage les valeurs et les attitudes durables. L'éducation au développement durable doit mettre l'accent sur l'interconnexion de toutes les formes de vie et la responsabilité collective dans la préservation de la planète. Les écoles et les universités peuvent inclure des pratiques telles que les jardins communautaires, les projets de réutilisation des matériaux et les initiatives d'engagement environnemental pour rendre l'apprentissage plus pratique et significatif.

Cependant, la transition vers une durabilité holistique se heurte à des défis considérables. L'un des principaux obstacles est la résistance au changement, en particulier dans les systèmes économiques et politiques qui privilégient les gains à court terme au détriment du bien-être à long terme. La refonte des chaînes de production, la restructuration des chaînes de production, la réinvention des modèles de croissance et l'intégration des principes écologiques dans les politiques publiques exigent une volonté politique, des investissements stratégiques et un effort conjoint des gouvernements, des entreprises et de la société civile.

De plus, la complexité des systèmes globaux rend difficile la prévision et la gestion de tous les impacts des actions durables. Une solution bien intentionnée peut avoir des conséquences inattendues si elle n'est pas analysée de manière exhaustive. C'est pourquoi la recherche scientifique et le suivi continu sont des outils indispensables pour garantir que les stratégies mises en œuvre favorisent réellement l'équilibre et la résilience.

Malgré ces défis, il existe de nombreuses opportunités pour progresser vers un modèle plus durable. La prise de conscience croissante des problèmes environnementaux et sociaux a stimulé la demande de solutions intégrées et innovantes. Les technologies émergentes, telles que les sources d'énergie renouvelables, l'intelligence artificielle appliquée à la gestion des ressources et la biotechnologie pour la régénération environnementale, offrent des outils puissants pour construire un avenir plus équilibré.

La collaboration mondiale est également essentielle. L'échange de connaissances, la coopération entre les nations et la création de réseaux d'innovation durable sont des stratégies fondamentales pour relever les défis transfrontaliers tels que le changement climatique et la pénurie de ressources.

Si les gouvernements et les entreprises jouent un rôle central dans ce processus, les individus ont également un impact significatif sur la construction d'un monde plus durable. De petits changements dans le mode de vie, tels que la réduction de la consommation excessive, le choix de produits d'origine durable, la prévention du gaspillage alimentaire et le soutien aux initiatives locales de conservation, contribuent à un effet collectif transformateur. En outre, la diffusion des connaissances et l'engagement dans les causes environnementales renforcent la culture de la durabilité, en promouvant une mentalité qui valorise l'équilibre et la responsabilité partagée.

En adoptant une approche holistique, nous pouvons relever les défis mondiaux plus efficacement et construire un avenir véritablement durable. La durabilité holistique n'est pas seulement un concept théorique, mais une voie qui exige engagement, innovation et collaboration pour garantir l'harmonie entre progrès et préservation.

L'adoption de cette perspective exige un changement dans la façon dont les sociétés planifient leur développement, en reconnaissant que chaque décision a des implications larges et interconnectées. Au lieu de mesures fragmentées et réactives, la durabilité holistique propose des stratégies proactives et systémiques qui tiennent compte à la fois des impacts immédiats et des effets à long terme. Cela nécessite un effort collectif impliquant les gouvernements, les entreprises, les institutions universitaires et la société civile, en promouvant des politiques et des pratiques qui encouragent la régénération environnementale, l'équité sociale et l'utilisation responsable des ressources naturelles.

Cette transformation ne signifie pas renoncer au progrès ou à la croissance économique, mais redéfinir leurs paramètres afin qu'ils soient compatibles avec la résilience des écosystèmes et le bien-être humain. Les modèles de développement qui valorisent la coopération, l'innovation durable et le respect des cycles naturels montrent qu'il est possible de prospérer sans compromettre les fondements qui soutiennent la vie sur la planète. En intégrant différents domaines de la connaissance et en tenant compte de l'interdépendance des systèmes écologiques, sociaux et économiques, on ouvre la voie à un avenir où l'équilibre entre l'humanité et la nature ne sera pas seulement un idéal, mais une réalité concrète.

Le défi de construire cet avenir exige non seulement des avancées technologiques et des changements institutionnels, mais aussi un engagement éthique et culturel envers la préservation de la vie sous toutes ses formes. La durabilité holistique ne consiste pas seulement à minimiser les impacts négatifs, mais à créer des solutions régénératrices qui renforcent les écosystèmes et promeuvent la justice pour toutes les générations. En comprenant que nous sommes insérés dans un réseau de relations interdépendantes, nous pouvons agir avec plus de conscience et de responsabilité, en veillant à ce que l'héritage laissé à l'avenir soit celui de l'harmonie, de l'abondance et du respect de la complexité du monde naturel.

Chapitre 9
La Sagesse des Écosystèmes

La nature fonctionne comme un vaste système dynamique et interconnecté, où chaque organisme et élément joue un rôle fondamental dans le maintien de l'équilibre écologique. Contrairement aux modèles linéaires et fragmentés de l'organisation humaine, les écosystèmes fonctionnent par le biais de cycles fermés, exploitant et transformant les ressources de manière efficiente. Ce réseau complexe d'interdépendances démontre que la durabilité n'est pas seulement un concept abstrait, mais un principe intrinsèque à la vie elle-même. La capacité des écosystèmes à s'autoréguler, à s'adapter aux changements et à prospérer pendant de longues périodes sans générer de déchets ni s'effondrer témoigne d'une intelligence naturelle qui peut servir d'inspiration pour repenser nos structures sociales, économiques et environnementales. En comprenant et en appliquant les principes de l'écologie, nous pouvons construire des sociétés plus résilientes, collaboratives et harmonieuses, réduisant les impacts négatifs et favorisant la régénération des ressources naturelles.

La résilience écologique est l'un des aspects les plus remarquables de la nature. Les écosystèmes sains ne se contentent pas de maintenir leur équilibre, ils possèdent également des mécanismes de récupération face aux perturbations externes, telles que les changements climatiques, les incendies ou l'introduction de nouvelles espèces. Cette résilience est le résultat de la diversité biologique, de l'interdépendance entre les organismes et de l'efficacité des cycles naturels. En revanche, les systèmes humains qui négligent ces principes deviennent fragiles, dépendants des intrants externes et vulnérables aux crises. La monoculture agricole, par exemple, illustre cette vulnérabilité : en privilégiant une seule espèce végétale sur de vastes étendues de terre, elle réduit la biodiversité, appauvrit le sol et exige l'utilisation intensive d'engrais et de pesticides. Apprendre des écosystèmes signifie adopter des pratiques qui favorisent la diversité et la régénération, garantissant la stabilité à long terme et réduisant le besoin d'interventions artificielles pour corriger les déséquilibres créés par le modèle humain d'exploitation.

Outre la résilience, les écosystèmes nous enseignent que la compétition et la coopération coexistent en harmonie. Bien que la sélection naturelle stimule l'évolution par la concurrence entre les espèces, la collaboration est tout aussi essentielle à la survie. Les relations symbiotiques, telles que la pollinisation par les abeilles ou l'association entre les champignons et les racines des plantes, montrent que la coopération augmente l'efficacité et renforce les systèmes. Cet équilibre peut également être appliqué aux sociétés humaines, en encourageant une approche plus collaborative dans l'économie, la politique et les relations sociales. Les modèles basés uniquement sur la compétition exacerbée engendrent des inégalités et une dégradation de l'environnement, tandis que les initiatives fondées sur la coopération favorisent l'innovation, le bien-être et la durabilité. En observant et en apprenant des écosystèmes, nous pouvons construire un avenir plus équilibré, où le développement humain se déroule en harmonie avec la nature, et non à ses dépens.

L'interconnexion dans les écosystèmes se révèle comme un principe fondamental qui soutient la toile de la vie. Chaque organisme, des bactéries microscopiques aux imposants prédateurs du sommet de la chaîne alimentaire, joue un rôle indispensable dans le maintien de l'équilibre écologique. L'interaction entre les plantes, les herbivores, les carnivores et les décomposeurs forme un cycle continu, où rien ne se perd et tout se transforme. Les plantes, en réalisant la photosynthèse, convertissent l'énergie solaire en nourriture et libèrent de l'oxygène, essentiel à la respiration des autres êtres vivants. Les herbivores se nourrissent des plantes, transférant cette énergie à un autre niveau de la chaîne trophique. Ensuite, les prédateurs contrôlent la population des herbivores, les empêchant de consommer la végétation en excès et de provoquer des déséquilibres environnementaux. Enfin, les décomposeurs, tels que les champignons et les bactéries, décomposent la matière organique des organismes morts, restituant les nutriments au sol et fermant le cycle de vie.

Ce système complexe nous enseigne que toutes les actions ont des conséquences qui se répercutent bien au-delà de ce que nous pouvons percevoir immédiatement. La suppression d'une seule espèce peut avoir des impacts imprévisibles, déclenchant des réactions en cascade qui déstabilisent l'ensemble de l'écosystème. Par exemple, l'extinction d'un prédateur naturel peut entraîner la croissance incontrôlée de la population d'herbivores, ce qui entraîne la dégradation de la végétation et, éventuellement, la pénurie de ressources pour d'autres espèces. De manière analogue, dans le contexte humain, nos choix quotidiens, que ce soit dans la consommation de biens, l'alimentation ou l'utilisation des ressources naturelles, affectent directement l'environnement et la société. L'interconnexion écologique reflète l'interdépendance humaine, où les décisions individuelles et collectives façonnent l'avenir de la planète.

    La diversité biologique est un autre pilier essentiel de la résilience des écosystèmes. Les environnements riches en biodiversité ont une plus grande capacité d'adaptation et de récupération face aux perturbations, telles que les incendies, les sécheresses ou les épidémies. Lorsqu'il existe une variété génétique et d'espèces, il y aura toujours des organismes capables de résister aux changements environnementaux, assurant la continuité de la vie. La disparition d'une espèce peut être compensée par une autre ayant des fonctions écologiques similaires, préservant l'équilibre du système. Par exemple, les forêts tropicales, riches en différents types d'arbres, d'oiseaux, d'insectes et de mammifères, sont extrêmement résilientes en raison de leur diversité. En revanche, les écosystèmes appauvris, comme les monocultures agricoles, sont vulnérables aux parasites et aux maladies, car l'absence de diversité empêche le système de se réguler naturellement.

Cette logique s'applique également aux sociétés humaines. Les communautés diversifiées, composées de personnes de cultures, de compétences et de perspectives différentes, ont tendance à être plus innovantes et adaptables aux changements. Lorsqu'il y a diversité de pensée, des solutions créatives émergent pour relever des défis complexes. Les entreprises qui valorisent les équipes multidisciplinaires, par exemple, sont généralement plus résilientes et compétitives sur le marché. De même, les sociétés qui promeuvent l'inclusion et le respect des différences renforcent leur capacité à surmonter les crises et à évoluer.

Dans les écosystèmes, l'énergie et les nutriments circulent de manière cyclique, garantissant la durabilité à long terme. Le cycle de l'eau, le cycle du carbone et le cycle de l'azote sont des exemples de processus naturels qui permettent le renouvellement continu des éléments essentiels à la vie. L'eau, en s'évaporant des océans, forme des nuages qui génèrent des pluies, réalimentant les rivières et les aquifères avant de retourner aux mers. Le carbone, fondamental pour la constitution des êtres vivants, circule entre l'atmosphère, les organismes et les sédiments, étant constamment recyclé. Ces processus naturels démontrent l'efficacité des systèmes écologiques à maintenir les ressources disponibles indéfiniment.

Ce principe peut être appliqué à l'organisation des activités humaines par le biais du concept d'économie circulaire. Contrairement au modèle linéaire traditionnel "extraire, produire et jeter", l'économie circulaire propose la réutilisation et le recyclage des matériaux, réduisant le gaspillage et minimisant les impacts environnementaux. Les produits peuvent être conçus pour avoir une durée de vie prolongée, et les déchets peuvent être transformés en nouvelles ressources. Des technologies telles que le compostage des déchets organiques, la récupération et la réutilisation des eaux de pluie et le recyclage des plastiques et des métaux suivent cette logique inspirée des cycles naturels, favorisant une utilisation plus intelligente et durable des ressources.

L'adaptation et l'évolution sont des caractéristiques inhérentes aux écosystèmes, qui s'ajustent constamment aux changements environnementaux. L'évolution se produit par le biais de la sélection naturelle, où les organismes les mieux adaptés à certaines conditions survivent et se reproduisent, transmettant leurs caractéristiques aux générations futures. Les espèces développent de nouvelles stratégies pour faire face aux prédateurs, trouver de la nourriture ou résister à des conditions défavorables. Par exemple, certaines plantes du désert ont évolué pour stocker de grandes quantités d'eau dans leurs tissus, assurant leur survie dans les climats arides.

Dans la société humaine, cette capacité d'adaptation est tout aussi cruciale. Dans un monde en constante transformation, avec les progrès technologiques, les changements climatiques et les défis économiques, la flexibilité et la résilience sont fondamentales. Les individus, les entreprises et les gouvernements qui parviennent à se réinventer face à l'adversité ont plus de chances de prospérer. L'apprentissage continu, l'innovation et la capacité à reformuler les stratégies sont des aspects qui garantissent la survie et le progrès à long terme.

Dans les écosystèmes, la compétition et la coopération coexistent de manière harmonieuse. La compétition stimule l'évolution en sélectionnant les individus les plus aptes, tandis que la coopération permet aux espèces de se bénéficier mutuellement. Les relations symbiotiques, telles que l'association entre les champignons mycorhiziens et les racines des plantes, démontrent comment la collaboration renforce les systèmes naturels. Les champignons fournissent des nutriments essentiels aux plantes, qui, à leur tour, partagent des glucides avec les champignons. Ce type de partenariat améliore l'efficacité de l'écosystème et augmente sa résilience.

De la même manière, dans la société, la compétition et la coopération sont essentielles au développement. Les entreprises qui se font concurrence pour l'innovation stimulent le progrès technologique, mais des partenariats stratégiques entre les secteurs peuvent générer des solutions durables aux problèmes mondiaux. Les modèles économiques basés exclusivement sur la concurrence extrême peuvent engendrer des inégalités et une dégradation de l'environnement, tandis que les systèmes qui équilibrent la collaboration et la concurrence favorisent la prospérité et l'équilibre social.

L'application pratique de la sagesse des écosystèmes peut révolutionner divers domaines, de la conception des villes à la gestion des entreprises. Le concept de conception régénérative, par exemple, vise non seulement à minimiser les impacts environnementaux, mais aussi à restaurer et à renforcer les écosystèmes. Cela comprend des bâtiments conçus pour générer plus d'énergie qu'ils n'en consomment, des initiatives de reboisement urbain et la création d'espaces verts intégrés aux villes. La gestion durable des ressources naturelles bénéficie également de cette approche, en tenant compte des interactions complexes entre les systèmes naturels et humains. Des stratégies telles que l'agroforesterie, qui combine des espèces agricoles et des arbres indigènes pour restaurer les sols et promouvoir la biodiversité, illustrent cette application.

De plus, l'économie circulaire, inspirée des cycles écologiques, transforme les déchets en ressources et favorise la réutilisation continue des matériaux. Les entreprises qui adoptent ce modèle réduisent leurs coûts, minimisent les impacts environnementaux et augmentent leur efficacité. Des technologies innovantes, telles que la production de bioplastiques à partir de déchets organiques et les systèmes d'énergie renouvelable décentralisée, démontrent comment la nature peut servir d'inspiration pour un développement plus durable.

La sagesse des écosystèmes nous offre de précieuses leçons sur l'interconnexion, la diversité, les cycles, l'adaptation et la coopération. En apprenant de la nature, nous pouvons créer des sociétés plus résilientes et équilibrées, garantissant un avenir durable pour les générations futures. L'intelligence écologique nous enseigne que nous ne sommes pas séparés de l'environnement qui nous entoure, mais que nous en faisons partie intégrante, et que notre survie dépend du respect et de l'harmonie avec les systèmes naturels.

La compréhension des principes qui régissent les écosystèmes nous invite à repenser la façon dont nous structurons nos sociétés et interagissons avec le monde naturel. En adoptant des approches inspirées de la nature, nous pouvons créer des systèmes plus résilients et durables, favorisant une coexistence équilibrée entre le progrès humain et la préservation de l'environnement. La biomimétique, par exemple, montre comment l'observation des processus naturels peut inspirer des solutions innovantes dans divers domaines, de la conception des matériaux à la gestion urbaine et industrielle. La nature a déjà résolu bon nombre des défis auxquels nous sommes confrontés aujourd'hui, et apprendre de ses stratégies peut être la clé d'un avenir plus harmonieux.

De plus, la valorisation de la diversité écologique et sociale se révèle être un facteur essentiel de la durabilité et de l'innovation. Tout comme les écosystèmes diversifiés sont plus résistants aux changements et aux défis, les sociétés qui promeuvent l'inclusion et la pluralité culturelle sont mieux préparées à faire face aux crises et à trouver des solutions créatives aux problèmes complexes. Cela implique de repenser les modèles de développement, en privilégiant des approches régénératives, collaboratives et intégrées, qui respectent les rythmes naturels et garantissent la qualité de vie des générations futures.

La sagesse des écosystèmes nous rappelle que nous ne sommes pas des entités séparées de la nature, mais que nous faisons partie d'un vaste réseau interdépendant. Chaque action que nous entreprenons se répercute sur l'équilibre global, affectant non seulement notre espèce, mais toutes les formes de vie sur la planète. En intégrant cette connaissance à nos choix quotidiens et à nos décisions collectives, nous pouvons suivre une voie de plus grand respect, de conscience et de régénération. Construire un avenir durable ne signifie pas seulement minimiser les impacts négatifs, mais agir activement pour restaurer et renforcer les systèmes naturels, en veillant à ce que la vie continue de s'épanouir dans toute sa plénitude.

Chapitre 10
Relever les Défis Mondiaux

La crise climatique représente l'un des défis les plus vastes et urgents de l'humanité, exigeant un changement fondamental dans notre manière d'interagir avec la planète. Contrairement aux problèmes isolés qui peuvent être résolus par des solutions ponctuelles, le changement climatique implique un réseau complexe de facteurs environnementaux, sociaux, économiques et politiques qui s'influencent mutuellement. L'augmentation de la température mondiale, l'intensification des événements climatiques extrêmes et la perte de biodiversité ne sont pas de simples symptômes d'un problème environnemental, mais le reflet d'un modèle de développement non durable qui a privilégié la croissance économique immédiate au détriment de la stabilité des systèmes naturels. Pour faire face efficacement à cette crise, il est essentiel d'adopter une approche holistique, en reconnaissant que chaque action a des répercussions sur de multiples dimensions et que des solutions fragmentées ne suffiront pas à inverser les dommages déjà causés.

Une vision holistique du changement climatique exige que nous comprenions les liens entre les différents secteurs et régions de la planète. La déforestation en

Amazonie, par exemple, n'affecte pas seulement la biodiversité locale, mais influence également le régime des pluies sur d'autres continents, modifie l'absorption du carbone de l'atmosphère et affecte la sécurité alimentaire mondiale. De même, la dépendance aux combustibles fossiles non seulement contribue au réchauffement climatique, mais perpétue également les inégalités socio-économiques, en finançant des industries polluantes et en retardant la transition vers une économie durable. L'holisme nous enseigne que toutes les actions humaines s'inscrivent dans un système global interdépendant, où les décisions prises dans un lieu peuvent avoir des impacts durables à l'échelle planétaire. Ainsi, toute solution à la crise climatique doit intégrer les aspects environnementaux, sociaux et économiques, en veillant à ce que les progrès en matière de réduction des émissions et de restauration écologique s'accompagnent de justice sociale et de prospérité durable pour toutes les populations.

La réponse à ce défi exige la mise en œuvre de stratégies coordonnées qui combinent l'atténuation et l'adaptation, favorisent la restauration des écosystèmes et encouragent des changements structurels dans les modes de consommation et de production. La transition vers des sources d'énergie renouvelables, par exemple, ne peut se faire sans tenir compte de ses impacts sur les travailleurs et les communautés dépendantes des secteurs traditionnels. De même, les politiques agricoles durables doivent garantir la sécurité alimentaire sans compromettre la régénération des sols et la préservation de la biodiversité. La collaboration entre les gouvernements, les entreprises, les scientifiques et les citoyens est essentielle pour développer des solutions efficaces et garantir leur application à l'échelle mondiale. En outre, il est fondamental de promouvoir un changement de mentalité, en encourageant une nouvelle relation entre la société et l'environnement fondée sur le respect, l'interdépendance et la responsabilité partagée. Ce n'est qu'en adoptant cette vision intégrée et systémique que l'humanité pourra faire face efficacement au changement climatique et construire un avenir plus équilibré et durable.

Le changement climatique représente un phénomène d'une immense complexité, dans lequel de multiples éléments interagissent en un équilibre fragile. L'atmosphère, les océans, la biosphère et la cryosphère sont profondément interconnectés, et toute modification de l'un de ces composants se répercute sur l'ensemble du système. L'augmentation des concentrations de gaz à effet de serre, tels que le dioxyde de carbone (CO_2) et le méthane (CH_4), a déclenché un réchauffement climatique sans précédent, entraînant la fonte des calottes polaires et des glaciers, l'élévation du niveau des océans, l'acidification des eaux marines et l'intensification des événements climatiques extrêmes, tels que les ouragans, les vagues de chaleur et les sécheresses prolongées.

Comprendre cette complexité nécessite un regard qui va au-delà de l'analyse isolée de chaque effet, exigeant une approche holistique. Cette perspective permet de visualiser les interactions entre les différents composants du système climatique et de comprendre comment ces changements impactent non seulement l'environnement, mais aussi les dynamiques sociales et économiques à l'échelle mondiale. L'interdépendance entre les systèmes naturels et humains met en évidence la nécessité de solutions intégrées, qui prennent en compte à la fois l'atténuation des dommages déjà causés et l'adaptation aux transformations qui se produiront inévitablement.

L'holisme nous offre une clé essentielle pour interpréter le changement climatique comme un problème systémique, dans lequel les causes et les effets sont interconnectés et se renforcent mutuellement. Un exemple clair de cela est la déforestation de l'Amazonie, qui non seulement intensifie les émissions de CO_2 en libérant de grandes quantités de carbone stockées dans les arbres, mais modifie également les régimes pluviométriques dans des régions éloignées, affectant négativement l'agriculture et les écosystèmes d'autres continents. La perte de cette forêt compromet la régulation hydrique, réduisant l'humidité transportée vers d'autres zones et, par conséquent, affectant la productivité agricole et augmentant la vulnérabilité aux sécheresses sévères.

De plus, l'holisme nous amène à réfléchir sur la racine même de la crise climatique, qui ne peut être réduite à un problème technique ou scientifique. Il s'agit aussi d'une crise de valeurs, une conséquence directe de la vision anthropocentrique qui, depuis des siècles, place l'être humain au centre de l'univers, traitant la nature comme une ressource inépuisable à exploiter. Cette mentalité réductionniste ignore l'interdépendance entre les êtres vivants et les écosystèmes, perpétuant un modèle économique et social qui néglige les limites de la planète. Ainsi, une approche véritablement holistique ne propose pas seulement des solutions technologiques pour réduire les émissions ou restaurer les écosystèmes, mais exige également un changement profond dans la manière dont nous concevons notre relation avec le monde naturel.

Face à ce scénario, la lutte efficace contre le changement climatique nécessite des solutions intégrant de multiples aspects, en abordant de manière coordonnée les causes et les impacts de ce phénomène. Parmi les stratégies fondamentales de cette approche figurent :

L'atténuation et l'adaptation sont des stratégies complémentaires et indispensables dans la lutte contre le changement climatique. Alors que l'atténuation se concentre sur la réduction des émissions de gaz à effet de serre, par la transition vers des sources d'énergie propres, la protection des écosystèmes naturels et l'adoption de pratiques durables dans l'agriculture et l'industrie, l'adaptation vise à préparer les communautés et les infrastructures aux impacts inévitables des changements déjà en cours. Cela comprend des mesures telles que la construction de digues contre l'élévation du niveau de la mer, le développement de cultures agricoles plus résistantes aux sécheresses et aux inondations, et la création de politiques publiques qui protègent les populations vulnérables des catastrophes climatiques.

La transition énergétique est l'un des piliers fondamentaux de l'atténuation. Le remplacement des combustibles fossiles par des sources renouvelables, telles que l'énergie solaire, éolienne et hydraulique, est essentiel pour réduire considérablement les émissions de carbone. Cependant, ce changement doit se faire de manière juste et inclusive, en veillant à ce que les travailleurs des secteurs traditionnels, comme le charbon et le pétrole, aient des opportunités de requalification professionnelle et puissent s'intégrer à la nouvelle économie verte. De plus, il est nécessaire d'envisager la décentralisation de la production d'énergie, en favorisant l'utilisation de panneaux solaires dans les foyers et les petites communautés, en réduisant la dépendance aux grandes entreprises et en démocratisant l'accès à l'électricité propre.

    La restauration des écosystèmes est une autre stratégie essentielle pour atténuer les effets du changement climatique. Les forêts tropicales, les mangroves et les marais jouent un rôle crucial dans la capture et le stockage du carbone, contribuant à la régulation du climat mondial. De plus, des écosystèmes sains fournissent une série de services environnementaux essentiels, tels que la purification de l'eau, le maintien de la biodiversité et la protection contre les événements climatiques extrêmes. Les projets de reboisement et de restauration des zones dégradées doivent être encouragés et financés, en veillant à ce que ces initiatives impliquent les communautés locales et respectent les savoirs traditionnels sur la gestion durable des terres.

    L'agriculture durable apparaît comme l'une des voies les plus prometteuses pour réduire les émissions associées à la production alimentaire et, en même temps, accroître la résilience des systèmes agricoles. Des pratiques telles que l'agroforesterie, qui combine les arbres et les cultures agricoles dans un même espace, permettent la régénération des sols et l'absorption du carbone de l'atmosphère. L'agriculture biologique, qui évite les engrais et les pesticides synthétiques, contribue à la santé des écosystèmes et à la sécurité alimentaire. De plus, les techniques de rotation des cultures et de semis direct aident à maintenir la fertilité des sols et à réduire l'érosion, garantissant une production durable à long terme.

L'éducation et la sensibilisation jouent un rôle central dans la construction d'une société plus durable. Les campagnes d'information et les programmes éducatifs peuvent contribuer à diffuser les connaissances sur les impacts du changement climatique et à encourager des comportements responsables vis-à-vis de la consommation et de l'environnement. Les écoles et les universités ont un rôle crucial à jouer dans ce processus, en préparant les nouvelles générations à relever les défis environnementaux et à promouvoir des solutions innovantes. Parallèlement, les médias et les réseaux sociaux peuvent être des outils puissants pour mobiliser l'opinion publique et faire pression sur les gouvernements et les entreprises afin qu'ils adoptent des politiques plus durables.

La collaboration mondiale est indispensable pour relever un défi d'échelle planétaire. Aucun pays ne peut à lui seul résoudre la crise climatique, et la coopération internationale est essentielle pour mettre en œuvre des politiques efficaces et garantir que les nations les plus vulnérables reçoivent le soutien nécessaire pour faire face aux impacts environnementaux. Des accords tels que l'Accord de Paris représentent une étape importante, mais il est essentiel qu'ils soient renforcés et respectés avec une plus grande ambition. De plus, les partenariats entre les gouvernements, les entreprises, les organisations non gouvernementales et la société civile sont essentiels pour stimuler l'innovation technologique et transformer les modèles économiques dépassés en alternatives durables.

Bien que la responsabilité principale de la mise en œuvre des politiques climatiques incombe aux gouvernements et aux grandes entreprises, les individus peuvent également jouer un rôle important dans la lutte contre le changement climatique. De petits changements de mode de vie, tels que la réduction de la consommation de viande, le choix de moyens de transport moins polluants, la réduction du gaspillage alimentaire et le soutien aux entreprises engagées dans le développement durable, peuvent avoir un impact significatif lorsqu'ils sont adoptés à grande échelle. La sensibilisation et la participation active à des initiatives environnementales, telles que des projets de reboisement ou des mouvements pour la justice climatique, sont des moyens efficaces de contribuer à la construction d'un avenir plus équilibré.

Faire face au changement climatique exige plus que des solutions technologiques ; cela nécessite une transformation profonde de la manière dont nous interagissons avec la planète et les uns avec les autres.

L'holisme nous enseigne que tout est interconnecté et que chaque action a des conséquences vastes et durables. En adoptant une vision intégrée, qui respecte les limites de la nature et promeut la justice sociale, nous pouvons construire un avenir plus durable et harmonieux pour les générations futures.

La complexité des défis mondiaux exige un engagement continu et une action coordonnée entre les individus, les communautés et les nations. Il n'y a pas de solutions simples ou uniques, mais un ensemble de stratégies interconnectées qui doivent être appliquées de manière complémentaire. La transition vers un monde durable passe par le renforcement de politiques publiques efficaces, l'innovation technologique alignée sur la régénération environnementale et le développement d'une économie qui privilégie le bien-être collectif sans compromettre les ressources naturelles.

De plus, faire face aux crises environnementales et sociales nécessite un changement profond de la mentalité dominante. Au lieu de considérer la nature comme un obstacle à la croissance, nous devons la reconnaître comme une alliée indispensable à la survie de l'humanité. Cela signifie repenser nos habitudes, nos valeurs et nos relations de consommation, en recherchant des modèles fondés sur la coopération et l'équité. La culture de l'abondance illusoire doit céder la place à un paradigme de respect et de responsabilité, où chaque choix est fait en tenant compte de ses impacts à long terme.

L'avenir dépendra des décisions prises aujourd'hui. Chaque progrès dans la lutte contre le changement climatique, chaque initiative de restauration écologique et chaque transformation dans notre manière de produire et de consommer sont des étapes fondamentales pour garantir un monde plus résilient et équilibré. Si nous apprenons des erreurs du passé et adoptons un véritable engagement envers le développement durable, nous pourrons relever les défis mondiaux avec intelligence et courage, en veillant à ce que les générations futures trouvent une planète habitable, diversifiée et pleine de possibilités.

Capítulo 11
A Mente Holística

A mente humana se manifesta como um campo dinâmico de interações entre corpo, emoções, pensamentos e dimensões sutis da existência, funcionando como um sistema integrado e interdependente. Durante séculos, diferentes tradições filosóficas e científicas tentaram compreender sua complexidade, ora fragmentando seus aspectos, ora buscando uma visão unificada. Com os avanços da psicologia e das neurociências, tornou-se evidente que reduzir a mente a processos isolados não capta sua verdadeira essência. Uma abordagem holística, por outro lado, reconhece que os fenômenos mentais não podem ser compreendidos de maneira dissociada do corpo, do ambiente e até de aspectos espirituais. Essa concepção expandida permite uma compreensão mais profunda do comportamento humano, das emoções e dos estados de consciência, ampliando horizontes tanto na pesquisa acadêmica quanto nas práticas terapêuticas.

Ao integrar conhecimentos provenientes da psicologia, da biologia, da filosofia e até de tradições espirituais, percebe-se que a mente não opera de forma isolada dentro do cérebro, mas sim como uma rede de interações entre o sistema nervoso, o corpo e a realidade externa. O estresse, por exemplo, não afeta apenas o estado emocional, mas impacta fisicamente o organismo, alterando a química cerebral, o sistema imunológico e até a expressão genética. Da mesma forma, práticas como meditação, respiração consciente e exercícios físicos podem modificar padrões neurais e promover estados de bem-estar profundo. Essa interligação evidencia que saúde mental não pode ser tratada apenas com métodos reducionistas, mas requer uma abordagem integrativa, que leve em conta múltiplas dimensões da existência humana.

Além disso, a consciência, vista por algumas correntes como um fenômeno emergente das interações cerebrais, é abordada por perspectivas holísticas como uma manifestação mais ampla, transcendendo os limites físicos do cérebro. Teóricos sugerem que a mente não está confinada à atividade neuronal, mas pode estar conectada a um campo mais vasto de informações e influências coletivas. Esse entendimento se alinha a descobertas em física quântica, que indicam que a realidade pode ser influenciada pela percepção e pela interação entre observador e objeto observado. Assim, compreender a mente sob um olhar holístico não apenas expande as fronteiras da psicologia tradicional, mas também abre possibilidades para novas formas de autoconhecimento, equilíbrio emocional e desenvolvimento humano.

A visão holística da mente parte do princípio de que os aspectos físicos, emocionais, mentais e espirituais do ser humano não podem ser analisados separadamente, pois estão profundamente interligados e se influenciam mutuamente. Essa compreensão nos leva a perceber que um estado emocional abalado pode desencadear manifestações físicas, como dores de cabeça, tensão muscular ou problemas digestivos, da mesma forma que práticas voltadas para o bem-estar físico, como exercícios regulares e uma alimentação equilibrada, podem impactar positivamente o humor e a saúde mental.

Essa abordagem se contrapõe à visão reducionista tradicional, que tende a tratar a mente e o corpo como entidades separadas, focando-se apenas em sintomas isolados e negligenciando sua origem multifatorial. A psicologia holística, por outro lado, busca integrar essas dimensões, reconhecendo que o bem-estar humano depende do equilíbrio entre corpo, mente e espírito. Esse entendimento tem levado ao desenvolvimento de práticas terapêuticas mais abrangentes, que combinam diferentes abordagens para tratar o indivíduo em sua totalidade.

Dentro desse contexto, a psicologia humanista e a psicologia transpersonal surgem como vertentes que adotam essa visão mais ampla da mente e da experiência humana. A psicologia humanista, impulsionada por figuras como Abraham Maslow e Carl Rogers, enfatiza a importância da autorrealização e do desenvolvimento do potencial humano, reconhecendo que cada indivíduo é único e que a busca por significado e propósito é essencial para o bem-estar. Em sua essência, essa abordagem valoriza a capacidade humana de crescimento, enfatizando a empatia, a autenticidade e o desenvolvimento pessoal.

A psicologia transpersonal, por sua vez, vai além, incorporando aspectos espirituais e transcendentais da experiência humana. Ela investiga estados ampliados de consciência, explorando fenômenos como a meditação, experiências místicas e insights profundos que ultrapassam os limites do ego individual e conectam o ser humano a uma dimensão mais ampla do existir. Pesquisadores como Stanislav Grof e Ken Wilber têm contribuído significativamente para essa abordagem, demonstrando que a mente pode ser compreendida em diferentes níveis de consciência e que experiências espirituais não devem ser descartadas como meras alucinações, mas sim reconhecidas como vivências legítimas e transformadoras.

A consciência, um dos grandes mistérios da ciência e da filosofia, é outro aspecto fundamental da abordagem holística. O que é a consciência? Como ela surge? Qual o seu papel no universo? A visão holística sugere que a consciência não é um simples produto da atividade cerebral, mas um fenômeno emergente que resulta da interação complexa entre cérebro, corpo e ambiente. Segundo alguns teóricos, como David Bohm e Rupert Sheldrake, a consciência pode ser um princípio fundamental do universo, permeando todos os níveis da realidade. Essa perspectiva se alinha a muitas tradições espirituais que veem a consciência como a base de tudo o que existe, sugerindo que a mente humana não está confinada ao cérebro, mas se conecta a um campo mais amplo de informações e influências coletivas.

Na prática, a psicologia holística oferece aplicações concretas em diversas áreas, desde a terapia até a educação e o desenvolvimento pessoal. No campo terapêutico, a abordagem holística busca integrar diferentes técnicas, combinando elementos da terapia cognitivo-comportamental, da terapia corporal, da meditação e até de práticas espirituais para tratar o indivíduo como um todo. Essa visão reconhece que os problemas psicológicos muitas vezes têm raízes profundas que ultrapassam a esfera mental, podendo estar ligadas a desequilíbrios emocionais, padrões corporais e até mesmo aspectos energéticos.

Uma das ferramentas mais eficazes dentro desse paradigma é a prática de mindfulness e meditação, que se tornou amplamente reconhecida por seus benefícios na promoção do bem-estar e da clareza mental. A atenção plena auxilia na regulação emocional, reduz o estresse e melhora a qualidade de vida ao ajudar o indivíduo a se conectar com o momento presente e a integrar suas experiências de forma mais consciente.

No campo educacional, a educação holística se preocupa não apenas com a transmissão de conhecimento acadêmico, mas também com o desenvolvimento integral do ser humano, levando em consideração aspectos cognitivos, emocionais, sociais e espirituais. Essa abordagem incentiva a criatividade, a empatia e a consciência ecológica, preparando indivíduos para uma vida mais equilibrada e significativa.

Já no desenvolvimento pessoal, o enfoque holístico estimula a busca por autoconhecimento e crescimento espiritual, reconhecendo que o verdadeiro bem-estar não se resume à ausência de doenças, mas envolve uma vida alinhada com valores internos, propósitos e relações saudáveis. Estratégias como a prática de gratidão, o fortalecimento da resiliência emocional e o cultivo de relacionamentos significativos fazem parte dessa jornada rumo ao equilíbrio e à realização pessoal.

Além do aspecto individual, a consciência também se manifesta coletivamente. A chamada consciência coletiva refere-se às crenças, valores e atitudes compartilhadas por um grupo ou sociedade, moldando comportamentos e influenciando mudanças sociais. Esse conceito, desenvolvido por sociólogos como Émile Durkheim, sugere que a mente humana não opera de forma isolada, mas está imersa em um campo coletivo de influências e interações. Essa perspectiva encontra respaldo em fenômenos contemporâneos, como a ampliação da inteligência coletiva possibilitada pela internet e pelas redes sociais, onde grupos de indivíduos colaboram para solucionar problemas complexos e promover transformações globais.

No entanto, a adoção da psicologia holística ainda enfrenta desafios, especialmente devido à resistência à mudança dentro de algumas correntes acadêmicas e à necessidade de maior validação científica para certas abordagens. Ainda assim, a crescente conscientização sobre a importância do bem-estar integral tem impulsionado uma demanda por práticas mais integradas e abrangentes. A interseção entre ciência e espiritualidade, antes vista como um campo de contradições, tem sido progressivamente explorada, abrindo novas possibilidades para a compreensão da mente e da consciência. Pesquisas em neurociência, física quântica e psicologia transpersonal continuam a expandir nossas perspectivas, sugerindo que o futuro da psicologia poderá ser cada vez mais interdisciplinar e holístico.

Dessa forma, compreender a mente sob uma ótica holística nos permite acessar uma visão mais completa da natureza humana e de sua interconexão com o todo. Ao reconhecer que corpo, mente e espírito são partes de um mesmo sistema, somos convidados a desenvolver uma abordagem mais integrada para a vida, promovendo não apenas o equilíbrio pessoal, mas também uma sociedade mais consciente e harmoniosa.

Essa compreensão amplia a forma como lidamos com desafios individuais e coletivos, incentivando práticas que promovem um estado de maior coerência interna e externa. Quando adotamos uma visão holística, percebemos que a transformação pessoal não ocorre de maneira isolada, mas reverbera nas relações, na cultura e até na forma como interagimos com o meio ambiente. A consciência dessa interconectividade nos leva a buscar caminhos que integrem saberes tradicionais e científicos, respeitando a complexidade da experiência humana e suas múltiplas dimensões.

Além disso, a adoção de um olhar mais amplo sobre a mente e a consciência fortalece abordagens inovadoras para a saúde mental, a educação e o desenvolvimento humano. Técnicas que unem ciência e espiritualidade, como terapias integrativas e metodologias educacionais que valorizam a inteligência emocional e a criatividade, tornam-se cada vez mais relevantes. Esse movimento aponta para um futuro onde o conhecimento não será fragmentado, mas articulado de forma mais sistêmica, respeitando a pluralidade de perspectivas e a riqueza das experiências humanas.

Assim, a mente holística não é apenas um conceito teórico, mas um convite à prática de um viver mais consciente e equilibrado. Ao integrar corpo, emoções e espírito em um único fluxo de experiência, cultivamos não apenas bem-estar pessoal, mas também um impacto positivo no mundo ao nosso redor. Esse caminho nos convida a reconhecer que o verdadeiro crescimento humano não está apenas no acúmulo de informações, mas na capacidade de viver com presença, propósito e harmonia.

Chapitre 12
Médecine Holistique et Bien-Être

La santé humaine transcende la simple absence de maladie, englobant un équilibre dynamique entre le corps, l'esprit et l'environnement. Au fil de l'histoire, différents systèmes médicaux ont tenté d'expliquer et de traiter le fonctionnement de l'organisme, souvent de manière fragmentée. Cependant, l'approche holistique de la santé propose une vision intégrée, où les facteurs physiques, émotionnels, sociaux et spirituels interagissent pour promouvoir ou compromettre le bien-être. Ce concept élargit les horizons de la médecine conventionnelle, en reconnaissant que l'équilibre interne et externe d'un individu est déterminant pour sa qualité de vie. Ainsi, comprendre la santé sous cette perspective permet non seulement de traiter les maladies, mais aussi d'agir sur la prévention et le renforcement de la vitalité humaine.

La médecine holistique considère que chaque personne est un système unique, avec des besoins spécifiques qui vont au-delà des symptômes manifestés dans le corps. Au lieu de simplement supprimer les signes de maladie, cette approche cherche à identifier et à traiter les causes sous-jacentes des déséquilibres, en favorisant l'autorégulation et la guérison naturelle de l'organisme. Pour ce faire, elle intègre des pratiques traditionnelles et contemporaines, telles que la nutrition fonctionnelle, les thérapies énergétiques, la phytothérapie, la mindfulness et les activités qui favorisent l'équilibre émotionnel. Cette vision plus large de la santé met également l'accent sur le rôle du patient en tant qu'agent actif de son propre bien-être, en encourageant des habitudes saines et un style de vie en harmonie avec les besoins du corps et de l'esprit.

Au-delà des aspects individuels, la santé holistique prend en compte l'interconnexion de l'être humain avec son environnement et sa communauté. La qualité de l'air, de l'eau, de l'alimentation et des relations sociales influence directement l'état de santé, rendant essentielle une approche qui va au-delà de l'organisme isolé. Dans ce contexte, des pratiques telles que la médecine intégrative, qui combine les traitements conventionnels avec des thérapies complémentaires, gagnent du terrain dans les hôpitaux et les centres de santé du monde entier. Cette fusion des savoirs démontre que la science et la tradition peuvent coexister, apportant des bénéfices tant pour la prévention que pour le traitement des maladies. En adoptant cette perspective, on élargit la compréhension de ce que signifie être véritablement en bonne santé, en promouvant non seulement la longévité, mais aussi une vie plus épanouissante et équilibrée.

Les principes de la médecine holistique sont fondamentaux pour comprendre cette approche intégrale de la santé, qui va au-delà de la simple élimination des symptômes et recherche l'harmonie entre le corps, l'esprit et l'âme. Un des piliers essentiels de cette pratique est la vision intégrale de l'être humain. Contrairement à la médecine traditionnelle, qui se concentre souvent sur des parties isolées du corps, la médecine holistique reconnaît que toutes les dimensions de l'être sont interconnectées. Cela signifie qu'un problème physique peut avoir des origines émotionnelles ou spirituelles et, de la même manière, des déséquilibres dans l'esprit peuvent se manifester par des maladies dans le corps. Ainsi, la santé d'une personne dépend directement de l'interaction et de l'équilibre entre ces aspects, il est donc essentiel de considérer l'individu dans sa globalité, et pas seulement ses plaintes ponctuelles.

En plus de cette vision globale, la médecine holistique met l'accent sur la prévention et la promotion de la santé comme des aspects essentiels. Au lieu d'agir uniquement sur le traitement des maladies déjà manifestées, cette approche vise à empêcher les déséquilibres de se produire. Pour ce faire, elle encourage des habitudes saines, telles qu'une alimentation équilibrée, la pratique régulière d'activités physiques, des techniques de relaxation et des stratégies efficaces pour gérer le stress. De petits changements dans la routine, comme bien dormir, se connecter à la nature et cultiver des pensées positives, peuvent avoir un impact profond sur la santé générale. Cette perspective préventive non seulement améliore la qualité de vie, mais réduit également le besoin d'interventions médicales invasives, ce qui en fait une approche durable et bénéfique à long terme.

Un autre principe central de la médecine holistique est l'individualisation du traitement. Chaque personne a une histoire de vie unique, avec des prédispositions génétiques, des expériences émotionnelles et des conditions environnementales distinctes. Par conséquent, au lieu de suivre un protocole fixe, la médecine holistique adapte les traitements aux besoins spécifiques de chaque individu. Ce qui fonctionne pour une personne peut ne pas convenir à une autre, et comprendre cette singularité est essentiel pour obtenir des résultats efficaces. Cette personnalisation peut impliquer des ajustements dans l'alimentation, le choix de thérapies complémentaires appropriées ou même des changements de style de vie qui s'alignent sur les caractéristiques individuelles de chaque patient.

Dans le cadre de cette approche, la croyance en la capacité de guérison naturelle du corps est un autre point essentiel. Le corps humain possède des mécanismes intrinsèques d'autorégulation et de régénération, et la médecine holistique cherche à stimuler ces processus naturels. Au lieu de dépendre exclusivement de médicaments synthétiques, cette vision valorise des méthodes plus naturelles, telles que la nutrition fonctionnelle, l'utilisation de plantes médicinales, les thérapies énergétiques et les activités physiques qui favorisent le bien-être. L'idée n'est pas de rejeter la médecine conventionnelle, mais plutôt de l'intégrer à des pratiques qui respectent le rythme et la nature du corps.

De plus, la médecine holistique favorise une relation de partenariat entre le patient et le thérapeute.

Contrairement à l'approche traditionnelle, où le médecin dicte un traitement et le patient suit passivement, en médecine holistique, le patient joue un rôle actif dans son propre processus de guérison. Le thérapeute agit comme un guide, aidant la personne à comprendre son corps, ses émotions et ses schémas de comportement afin qu'elle puisse faire des choix plus sains et en accord avec son bien-être. Cette implication rend le patient plus conscient de sa santé et responsable de son propre équilibre, ce qui renforce les résultats des pratiques adoptées.

Pour atteindre ce bien-être intégral, la médecine holistique combine une grande variété de pratiques thérapeutiques, chacune ayant un rôle spécifique dans la promotion de la santé. La nutrition holistique, par exemple, part du principe que les aliments ne servent pas seulement à fournir de l'énergie, mais influencent également directement le fonctionnement de l'organisme et la santé émotionnelle. Une alimentation naturelle, riche en fruits, légumes, céréales complètes et protéines de haute qualité, renforce le système immunitaire et contribue à la prévention des maladies. De plus, la nutrition holistique prend en compte les besoins individuels de chaque personne, en personnalisant les régimes alimentaires pour traiter des conditions spécifiques, telles que les inflammations, les troubles digestifs et les déséquilibres hormonaux.

Les thérapies corporelles jouent également un rôle crucial en médecine holistique. Des techniques telles que la massothérapie, la chiropraxie, l'ostéopathie et l'acupuncture aident à soulager les tensions, à améliorer la circulation sanguine et à rétablir l'équilibre énergétique du corps. Ces thérapies reconnaissent que le bien-être physique est directement lié aux émotions et à l'état mental, favorisant la relaxation et la réduction du stress. L'acupuncture, par exemple, repose sur le concept de l'énergie vitale qui circule dans le corps et, par la stimulation de points spécifiques, peut rétablir le flux énergétique et soulager diverses affections, des douleurs musculaires aux troubles émotionnels.

La médecine énergétique est une autre pratique importante dans l'approche holistique. Des méthodes telles que le Reiki, la guérison pranique et la thérapie par les cristaux travaillent avec l'énergie subtile du corps pour rétablir l'équilibre et renforcer la vitalité. Ces thérapies partent du principe que les déséquilibres énergétiques peuvent entraîner des maladies physiques et émotionnelles, et qu'en rééquilibrant ces flux, il est possible de promouvoir une sensation profonde de bien-être et d'harmonie.

Outre les thérapies physiques et énergétiques, la médecine holistique valorise également les pratiques mentales et émotionnelles. Des méthodes telles que la psychothérapie, l'hypnothérapie et les techniques de libération émotionnelle (EFT) aident les personnes à gérer les traumatismes, l'anxiété et les schémas de pensée négatifs qui affectent leur santé générale. L'impact des émotions sur la santé physique est largement reconnu, et prendre soin de son esprit est une étape essentielle pour atteindre un équilibre intégral.

Les pratiques spirituelles font également partie de ce chemin de guérison et de bien-être. La méditation, le yoga, la prière et d'autres formes de connexion avec le soi intérieur aident à cultiver la paix mentale, la clarté émotionnelle et un sens plus profond de la vie. De nombreuses études indiquent que ces pratiques réduisent les niveaux de stress, renforcent l'immunité et augmentent la longévité, ce qui en fait des outils précieux pour une vie plus épanouissante.

La médecine holistique ne s'oppose pas à la médecine conventionnelle, mais recherche une intégration équilibrée entre les deux approches. Par exemple, un patient atteint d'un cancer peut bénéficier de la chimiothérapie et de la radiothérapie, mais il peut également adopter des thérapies holistiques, telles que l'acupuncture pour soulager les effets secondaires, la méditation pour réduire le stress et un régime alimentaire fonctionnel pour renforcer le système immunitaire. Cette fusion des connaissances permet un traitement plus complet et efficace, répondant non seulement aux besoins physiques, mais aussi émotionnels et spirituels du patient.

Les soins personnels sont également un pilier fondamental de la médecine holistique. De petites habitudes quotidiennes, comme maintenir une alimentation équilibrée, faire de l'exercice régulièrement, bien dormir, gérer le stress et cultiver des relations sociales saines, sont essentielles au maintien de la santé et du bien-être. Les soins personnels ne se limitent pas au corps, mais impliquent également l'attention aux émotions et à la spiritualité, en encourageant des pratiques telles que la gratitude, la réflexion sur la vie et la recherche d'un but significatif.

Malgré les nombreux avantages de la médecine holistique, il reste encore des défis à relever. Le manque de réglementation dans certaines pratiques et le scepticisme de certains secteurs de la médecine conventionnelle sont des obstacles qui limitent la diffusion de cette approche. Cependant, à mesure que de nouvelles recherches scientifiques valident les avantages de pratiques telles que la méditation, l'acupuncture et la phytothérapie, l'acceptation de la médecine holistique augmente, ce qui en fait une alternative complémentaire de plus en plus reconnue.

En fin de compte, la médecine holistique nous offre une vision globale de la santé, qui prend en compte l'interconnexion entre le corps, l'esprit et l'âme. En adoptant cette approche, nous pouvons non seulement traiter les maladies, mais aussi prévenir les déséquilibres et vivre avec plus d'harmonie et de plénitude. Plus qu'un système de guérison, cette médecine nous invite à un voyage de connaissance de soi et de soins intégraux, favorisant une vie plus saine et équilibrée.

En reconnaissant l'interdépendance entre les différents aspects de l'existence humaine, la médecine holistique nous enseigne que le véritable bien-être va au-delà de l'absence de maladie et se manifeste dans l'harmonie entre le corps, l'esprit et l'âme. Cette vision intégrative invite chaque individu à jouer un rôle actif dans le soin de sa propre santé, en adoptant des pratiques qui renforcent non seulement la vitalité physique, mais aussi l'équilibre émotionnel et la connexion à quelque chose de plus grand. Ainsi, le cheminement vers une vie saine devient un processus continu d'apprentissage, de connaissance de soi et de transformation.

L'avancée de la médecine holistique ne signifie pas le remplacement des modèles traditionnels, mais plutôt la construction d'une approche plus large et complémentaire, où différentes formes de connaissance dialoguent pour offrir des traitements plus efficaces et humains. La fusion entre la science et la sagesse ancestrale renforce l'idée que la guérison ne doit pas être considérée uniquement comme un acte mécanique de réparation du corps, mais comme un processus profond de restauration de la totalité de l'être. Cela ouvre la voie à une médecine plus sensible et personnalisée, qui respecte la singularité de chaque individu et cherche à répondre à ses besoins de manière complète.

En nous reconnectant à notre propre nature et en comprenant la santé sous cette perspective intégrative, nous réalisons que les soins personnels et l'équilibre sont des pratiques quotidiennes qui transcendent la simple recherche de la longévité. La médecine holistique nous invite à une vie de plus grande présence, de conscience et de bien-être, dans laquelle la santé devient non seulement un objectif, mais un reflet de la façon dont nous choisissons de vivre.

Chapitre 13
Former des Êtres Humains Complets

L'éducation est un processus transformateur qui va au-delà de la simple transmission d'informations et du développement cognitif. Elle est un chemin vers la formation intégrale de l'être humain, impliquant non seulement l'intellect, mais aussi les dimensions émotionnelles, sociales et spirituelles. Dans le modèle traditionnel, l'accent est souvent mis sur la mémorisation des contenus et la performance académique, laissant de côté des aspects fondamentaux tels que la créativité, l'empathie et l'intelligence émotionnelle. Cependant, une approche plus large et intégratrice permet un apprentissage significatif, connecté à la réalité et favorisant un développement humain complet. L'éducation holistique apparaît comme une réponse à ce besoin, reconnaissant que chaque individu est unique et que le véritable apprentissage doit englober de multiples dimensions de l'existence.

Cette perspective éducative considère que la connaissance ne peut être dissociée de l'expérience et que la formation de l'individu doit inclure la compréhension de soi, des relations interpersonnelles et du monde qui l'entoure. Au lieu d'un modèle standardisé et centré uniquement sur l'acquisition de compétences techniques, l'éducation holistique valorise la curiosité, l'autonomie et la connexion de l'élève à l'apprentissage. Elle encourage des méthodes actives, comme les projets interdisciplinaires, les pratiques artistiques, la méditation et le contact avec la nature, créant un environnement propice à la découverte du potentiel de l'étudiant de manière authentique et véritable. Ce modèle éducatif souligne également l'importance des valeurs humaines, promouvant la coopération, la compassion et la responsabilité sociale, préparant les individus non seulement au marché du travail, mais à une vie pleine et consciente.

En plus de transformer la manière dont la connaissance est transmise, l'éducation holistique propose également une nouvelle vision du rôle de l'éducateur. Il ne doit pas être seulement un transmetteur de contenus, mais un facilitateur de l'apprentissage, quelqu'un qui inspire, guide et motive les élèves à explorer le monde avec un esprit critique et créatif. Pour cela, il est essentiel que l'éducateur lui-même soit engagé dans son développement personnel et adopte une posture réflexive, ouverte à de nouvelles approches et méthodologies. En intégrant des savoirs scientifiques, philosophiques et culturels, l'éducation holistique non seulement élargit les possibilités d'apprentissage, mais contribue également à la construction d'un monde plus équilibré, dans lequel la connaissance sert de moyen à l'épanouissement humain et collectif.

L'éducation holistique se structure autour de principes fondamentaux qui façonnent son approche intégrale et humanisée. Le premier d'entre eux est la vision intégrale de l'être humain, qui reconnaît l'interconnexion entre le corps, l'esprit et l'âme. Ce principe propose un développement qui va au-delà de l'intellect, englobant les dimensions émotionnelles, sociales et spirituelles, comprenant que le véritable apprentissage se produit lorsqu'il y a un équilibre entre ces aspects. À partir de cette vision, l'enseignement cesse d'être fragmenté et commence à se connecter à l'expérience et à la croissance individuelle, permettant à chaque élève de se développer dans sa totalité.

Un autre aspect essentiel est le respect de l'individualité. Chaque être humain possède des talents, des rythmes et des façons d'apprendre qui lui sont propres. L'éducation holistique valorise ces différences et cherche à personnaliser l'enseignement afin qu'il réponde aux besoins spécifiques de chaque élève. Au lieu d'imposer un modèle unique d'enseignement, cette approche permet à l'apprentissage de se dérouler de manière naturelle, en respectant la curiosité et les intérêts individuels. Ainsi, les éducateurs agissent comme des guides, aidant les élèves à découvrir leurs propres passions et potentialités.

L'apprentissage significatif occupe également une place centrale dans ce modèle. L'enseignement ne doit pas être une accumulation mécanique d'informations, mais une expérience vivante et connectée à la réalité. Lorsque la connaissance a du sens et est liée au quotidien des étudiants, elle devient plus solide et durable. C'est pourquoi l'éducation holistique met l'accent sur des méthodes qui favorisent la créativité, la recherche et la pensée critique, permettant aux élèves de construire des connaissances de manière active et participative.

Au-delà du développement cognitif, l'éducation holistique priorise la construction de valeurs et d'attitudes qui promeuvent le bien-être individuel et collectif. L'empathie, la coopération, la responsabilité sociale et le respect de la nature sont des piliers fondamentaux de ce processus. L'apprentissage ne se limite pas à l'assimilation de concepts, mais inclut la formation de citoyens éthiques et conscients, capables de contribuer à un monde plus équilibré et durable. Ce principe renforce l'idée que l'éducation ne doit pas préparer uniquement au marché du travail, mais à la vie dans son ensemble.

La connexion avec la communauté et le monde élargit encore cette perspective. L'éducation holistique reconnaît que l'individu n'est pas une entité isolée, mais fait partie d'un système plus vaste. Ainsi, elle encourage la participation active aux questions locales et globales, stimulant un sentiment d'appartenance et de responsabilité. Des projets communautaires, des activités de plein air et des discussions sur des thèmes sociaux et environnementaux font partie de cette approche, favorisant une vision du monde large et intégratrice.

Pour concrétiser ces principes, l'éducation holistique adopte diverses pratiques visant à promouvoir un développement plus complet. L'apprentissage par projets en est une. Au lieu d'étudier les disciplines de manière isolée, les élèves réalisent des projets interdisciplinaires qui relient différents domaines de la connaissance. Cette méthodologie favorise l'application pratique des concepts appris, encourageant des compétences telles que la résolution de problèmes, le travail d'équipe et la créativité. Un projet peut impliquer la création d'un documentaire sur le développement durable, le développement d'une application éducative ou l'organisation d'une foire scientifique. De cette manière, les étudiants apprennent de façon dynamique et engageante.

L'éducation émotionnelle est également une composante essentielle. Le développement de l'intelligence émotionnelle permet aux élèves de comprendre et de gérer leurs émotions, favorisant le bien-être et des relations saines. Des pratiques comme la méditation et la pleine conscience sont intégrées au quotidien scolaire pour aider à la maîtrise de soi et à la concentration. De plus, des activités qui encouragent l'expression de soi, comme les cercles de discussion et l'écriture réflexive, permettent aux élèves de développer une plus grande conscience d'eux-mêmes et des autres.

La préoccupation pour l'environnement est également présente dans l'éducation holistique, à travers l'éducation écologique. Ce principe vise à développer une conscience environnementale dès le plus jeune âge, en encourageant la connexion avec la nature et l'adoption de pratiques durables. Les élèves sont encouragés à planter des jardins, à recycler des matériaux, à participer à des projets de conservation et à réaliser des activités de plein air. Cette expérience renforce le respect de l'environnement et éveille la responsabilité écologique, préparant des citoyens plus conscients de l'importance du développement durable.

L'art et la créativité jouent un rôle fondamental dans ce modèle éducatif. L'expression artistique permet aux élèves d'explorer leur imagination, de développer leur sensibilité et de trouver des formes uniques de communication. La musique, la danse, le théâtre, la peinture et l'écriture créative sont des outils puissants pour stimuler la connaissance de soi et l'expérimentation. En incluant des activités artistiques dans le programme scolaire, l'éducation holistique permet aux étudiants de se connecter avec leurs émotions et d'acquérir une vision plus sensible du monde.

Un autre pilier important est l'éducation à la paix, qui vise à développer des compétences de résolution pacifique des conflits et à promouvoir le respect de la diversité. Dans un monde marqué par des défis sociaux et culturels, cette approche enseigne aux élèves à gérer les différences de manière constructive. Des techniques telles que la médiation des conflits, le dialogue interculturel et les exercices d'empathie sont appliquées pour créer un environnement plus harmonieux et coopératif.

Pour que cette approche soit efficace, le rôle de l'éducateur holistique doit être réévalué. L'enseignant n'est pas seulement un transmetteur de connaissances, mais un facilitateur de l'apprentissage. Il doit créer un environnement accueillant, où les élèves se sentent à l'aise pour explorer, questionner et apprendre de manière autonome. De plus, il est fondamental que l'éducateur lui-même soit en constant développement, tant professionnel que personnel. La pratique réflexive est essentielle pour améliorer ses méthodologies et pour qu'il expérimente également les principes de l'éducation holistique dans sa vie.

Malgré les nombreux avantages, la mise en œuvre de cette approche se heurte à des défis. La résistance au changement est l'un des principaux obstacles, car le modèle traditionnel d'enseignement est profondément enraciné dans la société. De plus, le manque de ressources et de soutien dans certaines institutions entrave l'adoption de pratiques innovantes. Cependant, l'intérêt croissant pour des méthodes d'enseignement alternatives crée des opportunités pour développer l'éducation holistique.

La technologie et la mondialisation jouent également un rôle important dans ce contexte. L'accès aux plateformes en ligne, aux cours et aux réseaux de collaboration facilite l'échange d'expériences entre les éducateurs et les élèves, permettant à l'éducation holistique d'atteindre un public toujours plus large. Ces outils élargissent les possibilités d'apprentissage et aident à surmonter les barrières géographiques et structurelles.

Ainsi, l'éducation holistique se présente comme une voie vers la formation d'êtres humains complets, prêts à affronter les défis du monde de manière consciente et équilibrée. En intégrant différentes dimensions de la connaissance et en valorisant l'individualité, cette approche transforme l'enseignement en une expérience plus significative et enrichissante.

Plus qu'un modèle pédagogique, l'éducation holistique est une invitation à un apprentissage qui respecte l'essence de chaque individu et favorise un développement complet et harmonieux.

En adoptant cette approche, l'éducation devient un processus vivant, qui respecte les rythmes individuels et favorise la construction d'un monde plus empathique et durable. Au lieu de former uniquement des professionnels qualifiés pour le marché du travail, l'éducation holistique cultive des êtres humains complets, prêts à relever les défis avec sensibilité, créativité et responsabilité. Cette transformation ne se limite pas à la salle de classe, mais s'étend à la société, impactant la façon dont nous interagissons, travaillons et collaborons pour un avenir plus équilibré.

La mise en œuvre de ce modèle nécessite des changements structurels et culturels, mais de petits pas peuvent déjà avoir un impact important. Les écoles, les éducateurs et les familles qui intègrent des éléments de l'éducation holistique contribuent à un environnement plus accueillant et significatif pour les nouvelles générations. Lorsque les enfants et les jeunes sont encouragés à exprimer leur singularité, à valoriser leurs émotions et à se connecter à leur objectif, ils deviennent des adultes plus épanouis et conscients du rôle qu'ils jouent dans le monde.

Ainsi, la formation d'êtres humains complets n'est pas seulement un idéal pédagogique, mais un engagement envers le développement intégral de l'humanité. Lorsque l'apprentissage s'étend au-delà des limites de la connaissance technique et embrasse la totalité de l'expérience humaine, nous créons non seulement des individus mieux préparés, mais une société plus juste, équilibrée et connectée aux valeurs essentielles de la vie.

Chapitre 14
Expressions de la Totalité

L'art et la créativité sont des manifestations essentielles de l'expérience humaine, agissant comme des ponts entre le monde intérieur et la réalité extérieure. Bien au-delà de simples expressions esthétiques, ils représentent un canal de communication profonde, capable de traduire des émotions, des idées et des perceptions qui, souvent, échappent aux limites du langage verbal. Depuis les premiers témoignages de l'humanité, comme les peintures rupestres et les récits mythologiques, jusqu'aux formes les plus modernes d'art numérique et interactif, la créativité a été une force vitale pour la compréhension et la transformation du monde. En nous engageant dans l'acte créatif, que ce soit par la peinture, la musique, l'écriture, la danse ou toute autre forme d'expression, nous faisons l'expérience d'un état de présence totale, dans lequel le corps, l'esprit et l'âme s'alignent, favorisant un sentiment de connexion et d'appartenance à la totalité de l'existence.

La création artistique et la pensée créative ne sont pas des compétences réservées aux individus talentueux ou formés, mais plutôt des potentialités inhérentes à tous les êtres humains. La créativité se manifeste dans la manière dont nous résolvons les problèmes, dont nous

nous adaptons aux changements et dont nous interagissons avec l'environnement qui nous entoure. Dans un monde de plus en plus rapide et mécanisé, retrouver la liberté créative est essentiel pour restaurer l'équilibre émotionnel et spirituel. La pratique artistique, en plus d'offrir un moyen d'auto-expression, fonctionne comme un outil thérapeutique puissant, aidant à la compréhension des sentiments refoulés, à la surmonter les défis internes et à la construction d'un état de bien-être intégral. Lorsque nous nous permettons d'explorer et d'élargir notre créativité, nous activons une force transformatrice qui impacte non seulement notre propre existence, mais aussi les relations que nous établissons et la société dans son ensemble.

Outre l'impact individuel, l'art et la créativité jouent un rôle fondamental dans l'évolution collective de l'humanité. Ils nous permettent de transcender les barrières culturelles, de stimuler le dialogue entre différentes perspectives et de promouvoir une vision plus large et inclusive du monde. L'art a été, historiquement, un reflet des inquiétudes et des aspirations de chaque époque, fonctionnant comme un agent de questionnement et de changement social. Associée à l'innovation, la créativité stimule également les découvertes scientifiques, les progrès technologiques et les nouvelles formes d'organisation sociale, contribuant à la construction de réalités plus harmonieuses et durables. Ainsi, en nourrissant la créativité et l'expression artistique dans notre vie quotidienne, nous enrichissons non seulement notre cheminement personnel, mais nous participons aussi activement au processus continu de création et de renouvellement du monde qui nous entoure.

    L'art, dans son essence, dépasse les barrières de la communication verbale, permettant aux émotions, aux idées et aux expériences d'être exprimées de manière profonde et significative. Chaque trait d'un tableau, chaque note d'une mélodie et chaque mouvement d'une danse portent un message qui résonne au-delà des mots. Lorsque nous nous engageons dans la création artistique, nous transcendons les limites du langage et accédons à une forme d'expression qui relie l'intime de notre âme au monde qui nous entoure. L'art ne fait pas que refléter notre vision du monde, il nous permet aussi de la partager, devenant un lien entre l'individualité et le collectif.

    Plus qu'une simple manifestation esthétique, l'art agit de manière holistique, intégrant différents aspects de l'être humain. Lorsque nous dansons, notre corps se meut en harmonie avec des émotions profondes et, souvent, avec une connexion spirituelle qui transcende le moment présent. La musique, quant à elle, a le pouvoir d'évoquer des souvenirs enfouis, de réveiller des sentiments intenses et d'élever notre perception au-delà de la matérialité. La littérature, à travers les mots, nous transporte dans des mondes imaginaires, offrant de nouvelles perspectives et élargissant notre compréhension de l'existence. Ainsi, chaque forme d'art nous permet d'explorer notre totalité, unissant le corps, l'esprit et l'âme dans une expérience unique d'expression et de connexion.

La créativité, à son tour, est une force primordiale qui imprègne l'existence humaine. Loin d'être un don exclusif des artistes, elle se manifeste en chacun de nous, stimulant la résolution de problèmes, l'innovation et la transformation du monde qui nous entoure. Chaque décision que nous prenons, chaque solution trouvée à un défi quotidien, est une expression de cette capacité créative innée. Dans une perspective plus large, la créativité nous relie à une énergie universelle, un flux continu de création qui façonne la réalité et nous permet d'interagir avec elle de manière active et innovante.

En nous autorisant à créer, nous alignons notre conscience avec ce flux, transcendons les barrières de l'ego et expérimentons un état d'unité et d'appartenance au tout. La créativité nous enseigne qu'il n'y a pas de limites à l'imagination, et que la réalité peut être constamment réinventée à partir de nouvelles idées et perspectives. C'est cette capacité à voir au-delà de l'évidence qui propulse non seulement l'art, mais aussi les grandes découvertes scientifiques, les avancées technologiques et les innovations qui façonnent la société.

En plus d'être un outil d'expression et d'innovation, l'art joue également un rôle essentiel dans la guérison et le bien-être émotionnel. L'art-thérapie, par exemple, utilise le processus créatif comme un moyen d'explorer les sentiments refoulés, de traiter les traumatismes et de promouvoir l'auto-expression dans un environnement sûr. Les personnes qui ont des difficultés à verbaliser leurs sentiments découvrent souvent dans l'art un canal puissant pour comprendre et transformer leurs émotions. La peinture, le dessin, la sculpture et d'autres formes d'expression visuelle permettent à la psyché de se manifester de manière symbolique, révélant souvent des aspects intérieurs qui étaient cachés.

L'expérience artistique peut également être comparée à un état méditatif. Lorsque nous sommes profondément immergés dans la création, nous entrons dans un flux où le temps semble disparaître, l'esprit s'apaise et l'attention se porte entièrement sur le présent. Cet état de présence totale est semblable à la méditation, apportant des bienfaits tels que la réduction du stress, l'augmentation de la clarté mentale et un profond sentiment de paix intérieure. En créant sans jugement, sans la pression d'un résultat final parfait, nous permettons à l'art de s'écouler naturellement, devenant un miroir de notre état intérieur et un chemin vers la transformation personnelle.

Dans le contexte de l'innovation, la créativité devient un élément essentiel à l'évolution de la société. Dans un monde en constante mutation, la capacité à penser en dehors des sentiers battus et à trouver des solutions originales à des problèmes complexes est indispensable. La créativité appliquée à l'innovation ne se limite pas au développement de nouvelles technologies ou de nouveaux produits, mais s'étend également à la manière dont nous structurons les organisations, menons les relations humaines et relevons les défis mondiaux. La pensée créative nous permet de rompre avec les paradigmes limitants, d'entrevoir de nouvelles possibilités et de construire un avenir plus équilibré et durable.

L'innovation holistique, quant à elle, reconnaît que les défis contemporains exigent des approches interdisciplinaires et intégrées. Les problèmes environnementaux, sociaux et économiques sont interconnectés, et trouver des solutions efficaces nécessite une vision systémique qui tienne compte de la complexité de ces interactions. Lorsque nous appliquons la créativité de manière holistique, nous sommes encouragés à collaborer, à partager les connaissances et à développer des stratégies qui favorisent le bien-être non seulement individuel, mais collectif.

L'art a également un lien intrinsèque avec la spiritualité. De nombreuses traditions ancestrales ont utilisé et utilisent encore l'art comme un moyen d'exprimer le sacré et d'établir un pont avec le divin. Les icônes religieuses, les mandalas, les sculptures, les chants et les danses rituelles sont des exemples de manifestations artistiques qui transcendent la matérialité et évoquent une dimension spirituelle. Dans de nombreuses cultures, la musique est utilisée lors de cérémonies sacrées pour élever la conscience et faciliter les états d'extase et de communion avec le transcendant.

De plus, l'expérience artistique elle-même peut devenir un voyage de connaissance de soi et de quête spirituelle. Lorsque nous créons ou apprécions l'art, nous sommes souvent confrontés à des questions existentielles profondes : Quel est le sens de la vie ? Quelle est la nature de la réalité ? Quel est notre rôle dans l'univers ? L'art nous invite à explorer ces mystères sans avoir besoin de réponses définitives, nous permettant simplement de ressentir, d'expérimenter et de contempler l'immensité de l'existence.

Il est important de rappeler que la créativité ne se limite pas aux arts formels. Elle peut être cultivée au quotidien, dans de petites actions qui rendent la vie plus vibrante et significative. Cuisiner une nouvelle recette, décorer un espace de manière unique, écrire un journal, improviser une mélodie à la guitare ou simplement trouver une manière différente de résoudre un problème sont des expressions de la créativité. En adoptant une approche créative de la vie, nous devenons plus ouverts aux nouvelles expériences, plus adaptables aux changements et plus conscients de la beauté présente à chaque instant.

Malgré son importance, l'art et la créativité sont encore confrontés à des défis dans de nombreuses sociétés. Le manque d'encouragement et la vision utilitariste qui privilégie uniquement la productivité peuvent conduire à la dévalorisation de ces manifestations essentielles. Cependant, la reconnaissance croissante des bienfaits de l'art pour la santé mentale, l'éducation et l'innovation a favorisé une plus grande appréciation de ces pratiques. Aujourd'hui, la technologie a été un grand allié dans ce processus, démocratisant l'accès à l'art grâce aux plateformes numériques, aux réseaux sociaux et aux outils de création qui permettent à chacun de partager son expression avec le monde.

En fin de compte, l'art et la créativité nous connectent à la totalité de l'existence, nous permettant d'exprimer, de transformer et de comprendre la vie d'une manière qui va au-delà de l'intellect. Ils nous offrent un refuge d'authenticité au milieu des exigences de la modernité et nous rappellent que nous sommes, avant tout, des êtres créateurs. En embrassant l'art et la créativité dans notre quotidien, nous trouvons plus de sens, de joie et de connexion, contribuant à la construction d'un monde plus harmonieux et inspirant.

En comprenant l'art et la créativité comme des expressions de la totalité, nous reconnaissons qu'ils ne se contentent pas de refléter notre essence, mais nous permettent également de façonner et de transformer la réalité qui nous entoure. La création artistique nous invite à sortir des limites de la pensée linéaire et à explorer de nouvelles possibilités, éveillant un sentiment de découverte et d'émerveillement qui restaure la richesse de l'expérience humaine. Ce processus n'a pas besoin d'être lié à la perfection ou à la technique, mais plutôt à l'authenticité, au courage d'exprimer ce qui vibre en nous et à la liberté de donner forme à l'invisible.

Lorsque nous cultivons la créativité comme principe de vie, nous apprenons à voir le monde avec un regard plus attentif et sensible, trouvant la beauté et le sens dans les petites choses du quotidien. L'art nous apprend à apprécier le moment présent, à nous reconnecter à l'intuition et à nous ouvrir à l'inattendu, permettant à l'imagination de nous guider vers des chemins auparavant inimaginables. Ainsi, l'acte de créer cesse d'être un privilège et devient un droit inhérent à chaque être humain, une invitation constante à se réinventer et à s'épanouir.

En fin de compte, nous réalisons que l'art ne fait pas que donner couleur et forme à la vie, il nous révèle aussi ce que nous sommes dans notre essence. Il nous relie au sacré, au ludique, au mystère et à la vérité qui transcende les mots. Que ce soit en peignant une toile, en composant une mélodie ou simplement en réinventant notre façon de vivre, nous exprimons la totalité de notre être et devenons co-auteurs de la grande œuvre qu'est l'existence.

Chapitre 15
Vivre en Harmonie

La connexion humaine est l'une des forces les plus puissantes qui façonnent notre existence, influençant directement notre santé émotionnelle, mentale et même physique. Dès les premiers instants de la vie, les liens que nous établissons avec les autres jouent un rôle essentiel dans la formation de notre identité et de notre bien-être. Les neurosciences et la psychologie démontrent que l'interaction sociale active des circuits cérébraux fondamentaux pour le développement de l'empathie, de la résilience et du sentiment d'appartenance. Lorsque nous cultivons des relations saines, non seulement nous renforçons nos émotions, mais nous favorisons également un équilibre plus profond entre l'esprit et le corps. D'autre part, le manque de connexions significatives peut conduire à des sentiments de solitude, de stress et de déséquilibres qui affectent divers domaines de la vie.

Dans une perspective holistique, les relations vont au-delà des interactions superficielles et deviennent des opportunités de croissance personnelle et collective. Chaque rencontre humaine est un reflet de l'interconnectivité de la vie, offrant des apprentissages précieux sur nous-mêmes et sur le monde. Lorsque nous

nous relacionnons avec présence et authenticité, nous créons des espaces d'échange authentique, où l'écoute active, le respect et l'empathie deviennent des piliers essentiels. Cette approche nous aide à percevoir les défis des relations non pas comme des obstacles, mais comme des opportunités d'approfondir notre compréhension de nous-mêmes et des autres. De la même manière, la vie en communauté est une extension de ce processus, favorisant un sens de responsabilité mutuelle et de collaboration, fondamentaux pour la construction de sociétés plus équilibrées et harmonieuses.

Au-delà de l'impact individuel, la connexion interpersonnelle influence la structure sociale et l'évolution des communautés. Lorsque les relations sont guidées par des valeurs telles que la compassion et la coopération, des réseaux de soutien capables de transformer les défis en opportunités collectives se créent. L'union de différentes perspectives et talents génère l'innovation, renforce la résilience et élargit le sentiment d'appartenance, éléments essentiels au développement durable des sociétés. Dans un monde de plus en plus globalisé et digitalisé, cultiver des relations significatives et nourrir l'esprit communautaire sont des attitudes qui favorisent le bien-être et enrichissent le parcours humain. Ainsi, en reconnaissant l'importance des relations dans la construction d'une vie plus épanouissante, nous pouvons transformer nos interactions en sources de croissance, d'harmonie et de connexion véritable.

Les relations sont l'essence de l'expérience humaine, influençant directement notre façon de vivre et de percevoir le monde qui nous entoure. Depuis les premiers liens formés dans l'enfance, que ce soit avec la famille ou les soignants, jusqu'aux amitiés et aux relations amoureuses que nous cultivons tout au long de la vie, toutes ces connexions façonnent notre identité, nous fournissent un soutien émotionnel et renforcent notre estime de soi. Le contact humain, plus qu'un besoin social, est un fondement pour la croissance personnelle, offrant des apprentissages précieux et nous permettant d'explorer notre propre essence à travers l'autre.

Sous une perspective holistique, les relations transcendent la simple vie quotidienne. Chaque interaction est une opportunité d'évoluer émotionnellement et spirituellement, car en nous relacionnant avec différentes personnes, nous sommes mis au défi d'élargir notre vision du monde, de développer l'empathie et d'exercer la compassion. La vie en communauté, à son tour, représente cette même dynamique à plus grande échelle, où le partage d'expériences, de défis et de réussites renforce la structure collective, favorisant l'équilibre et le bien-être.

Le besoin de connexion humaine est enraciné dans notre biologie. Des recherches démontrent que l'isolement prolongé peut avoir des effets néfastes graves, augmentant les risques de maladies mentales et physiques. En revanche, maintenir des relations saines contribue à la longévité et à la qualité de vie. Cependant, la vraie connexion va au-delà de la présence physique ; elle exige un engagement authentique, une disposition à écouter attentivement et le désir sincère de comprendre l'autre. Lorsque nous nous sentons valorisés pour ce que nous sommes vraiment, notre confiance en nous se renforce, créant un cycle positif qui nous impacte nous-mêmes ainsi que ceux qui nous entourent.

Dans ce contexte, la communauté apparaît comme un espace essentiel au développement et au maintien de ces relations. Elle représente un cercle de soutien où chaque individu trouve un sentiment d'appartenance et de sécurité pour partager ses expériences, échanger des connaissances et relever des défis de manière collective. La coopération au sein d'une communauté renforce les liens entre ses membres, créant un environnement de confiance et de respect mutuel. En période de difficultés, ce réseau de soutien devient encore plus fondamental, car la solidarité entre les individus est ce qui permet de surmonter l'adversité.

L'empathie et la compassion jouent un rôle central dans la construction de liens profonds. L'empathie nous permet de ressentir et de comprendre les émotions des autres, tandis que la compassion nous pousse à agir pour soulager la souffrance d'autrui. Lorsqu'elles sont pratiquées consciemment, ces qualités favorisent des relations plus harmonieuses et plus résolutives. Elles facilitent la communication, nous rendent plus ouverts à des perspectives différentes et plus habiles dans la résolution de conflits. Dans un monde rempli de défis, cultiver ces vertus peut transformer non seulement nos interactions individuelles, mais toute la dynamique sociale.

La collaboration et la coopération sont essentielles au fonctionnement des relations et de la vie communautaire. En travaillant ensemble vers un objectif commun, nous reconnaissons la valeur de chaque contribution et apprenons à respecter les différences. Dans une approche holistique, cet échange devient encore plus significatif, car il révèle que chaque personne possède des compétences et des perspectives uniques qui enrichissent le groupe dans son ensemble. En accueillant la diversité comme une ressource précieuse, nous créons des environnements plus inclusifs, innovants et renforcés.

Cependant, les relations et la vie en communauté ne sont pas toujours exemptes de défis. Conflits et désaccords sont inévitables, car chaque individu porte en lui des expériences, des croyances et des valeurs distinctes. L'important n'est pas d'éviter ces difficultés, mais d'apprendre à les affronter de manière constructive. La résolution saine des conflits passe par une communication ouverte et honnête, par l'écoute active et par la volonté de voir la situation sous différents angles. Le dialogue et la médiation sont des outils puissants pour transformer les désaccords en apprentissages, renforçant les liens au lieu de les rompre.

La spiritualité peut être un élément transformateur dans les relations et la vie en communauté. Elle nous apprend à voir les autres comme faisant partie d'un réseau plus large, connectés par quelque chose qui dépasse l'individualité. Lorsque nous intégrons cette vision, nous accordons plus de valeur aux relations, en pratiquant la gratitude, le respect et le soin mutuel. Des pratiques telles que la méditation, la prière et le service communautaire aident à nourrir ces connexions, créant un sentiment de but et de sens partagé qui renforce les liens interpersonnels.

Avec la mondialisation et les progrès technologiques, la notion de communauté s'est étendue au-delà des frontières géographiques. Aujourd'hui, nous interagissons avec des personnes de différentes cultures, traditions et perspectives, ce qui nous met au défi d'élargir notre compréhension de l'humanité dans son ensemble. La communauté mondiale nous rappelle notre interdépendance et nous invite à coopérer pour résoudre les défis qui nous concernent tous, tels que le changement climatique, les inégalités sociales et les crises humanitaires. En adoptant une attitude plus consciente et solidaire, nous pouvons contribuer à un monde plus équilibré et durable.

Les relations et la vie communautaire sont des piliers fondamentaux du bien-être et de l'évolution humaine. Elles nous offrent un soutien émotionnel, un sentiment d'appartenance et des opportunités constantes d'apprentissage et de croissance. En cultivant l'empathie, la compassion et la collaboration, nous renforçons non seulement nos liens personnels, mais aussi le tissu social dans son ensemble. Ainsi, nous pouvons transformer nos interactions quotidiennes en sources d'harmonie et d'évolution, contribuant à un monde plus juste et connecté.

Vivre en harmonie ne signifie pas l'absence de défis, mais plutôt la volonté de les affronter avec maturité, compréhension et respect. La construction de relations authentiques exige un regard attentif sur l'autre, mais aussi sur nous-mêmes, car ce n'est qu'en cultivant un équilibre intérieur que nous pouvons interagir sainement avec ceux qui nous entourent. Ce voyage implique la connaissance de soi, l'ouverture au dialogue et la capacité de reconnaître nos forces et nos limites, permettant ainsi à la vie humaine de devenir un espace de croissance mutuelle.

Au fur et à mesure que nous renforçons nos liens, nous élargissons également notre vision de l'impact que nous avons sur le monde. De petits gestes de gentillesse, de patience et de coopération génèrent des ondes d'influence qui vont au-delà de notre cercle immédiat, se répercutant sur la communauté et la société dans son ensemble. Lorsque nous comprenons que chaque connexion est une opportunité d'apprentissage et d'échange, nous devenons des agents de transformation, contribuant à un environnement plus accueillant et équilibré.

En fin de compte, l'harmonie que nous recherchons à l'extérieur commence en nous. La pratique quotidienne de l'empathie, du respect et de la coopération nous enseigne que bien vivre n'est pas seulement une question individuelle, mais un processus collectif de construction d'un monde plus conscient et humain. En nourrissant des relations basées sur l'authenticité et le soin, non seulement nous trouvons plus de sens à notre propre cheminement, mais nous inspirons également les autres à faire de même, tissant ensemble un réseau de connexions authentiques et transformatrices.

Chapitre 16
Au-delà de la croissance matérielle

L'économie contemporaine traverse une période de transformation fondamentale, où la recherche de la croissance matérielle ne peut plus être le seul objectif des sociétés. Pendant des décennies, le développement économique a été mesuré presque exclusivement par l'augmentation du Produit Intérieur Brut (PIB), un indicateur qui, bien qu'utile, ne reflète pas intégralement la qualité de vie de la population ni la santé des écosystèmes. La limitation de cette approche est devenue évidente face aux défis mondiaux, tels que le changement climatique, les inégalités sociales et l'épuisement des ressources naturelles. La nécessité d'un nouveau paradigme économique, qui considère le bien-être humain et la durabilité environnementale comme des piliers centraux, est devenue de plus en plus urgente.

Face à ce scénario, l'économie holistique apparaît comme une alternative innovante, proposant une vision intégrée qui équilibre développement, équité sociale et préservation de l'environnement. Cette approche suggère que le progrès économique doit être redéfini, en intégrant des mesures qui vont au-delà de la croissance matérielle, incluant le bonheur des personnes, la répartition équitable des richesses et la régénération des écosystèmes.

Pour comprendre pleinement l'économie holistique, il est essentiel de reconnaître l'interdépendance entre les systèmes économique, social et environnemental. Contrairement au modèle traditionnel, qui considère l'économie comme une entité isolée et autonome, l'économie holistique considère que la prospérité dépend de facteurs multiples et interconnectés. Une économie véritablement prospère n'est pas celle qui génère uniquement des richesses, mais celle qui garantit également la qualité de vie, l'accès aux services essentiels et des opportunités équitables pour tous les individus.

De plus, l'économie holistique propose un changement dans la façon dont les ressources sont utilisées et distribuées, en encourageant des pratiques qui minimisent le gaspillage et promeuvent une utilisation responsable des biens naturels. Le concept de « croissance à tout prix » est remplacé par un modèle de développement régénératif, dans lequel l'activité économique non seulement évite les dommages à l'environnement, mais contribue activement à sa restauration. Ainsi, cette approche ne se contente pas de répondre aux crises environnementales et sociales, mais offre également un chemin vers un avenir plus résilient et durable.

L'adoption d'une économie holistique nécessite une révision profonde des systèmes économiques et des politiques publiques. La transition vers ce modèle implique des changements structurels qui incluent la création de nouveaux indicateurs de progrès, la mise en œuvre de politiques qui encouragent l'économie circulaire et régénérative et le renforcement de modèles économiques qui promeuvent l'équité et la participation démocratique. Les entreprises et les gouvernements jouent un rôle fondamental dans cette transformation, mais les individus ont également un impact significatif. De petits changements, tels que la consommation consciente, le soutien aux entreprises locales et l'adoption de pratiques durables au quotidien, peuvent générer des effets multiplicateurs qui stimulent cette nouvelle économie. La sensibilisation et l'éducation sont des outils essentiels dans ce processus, car elles permettent à la société de comprendre les avantages de cette approche et de s'engager activement dans la construction d'un avenir plus juste et équilibré. L'économie holistique, par conséquent, ne se résume pas à une théorie économique, mais à une nouvelle façon de penser et d'agir, orientée vers la création de sociétés plus durables, résilientes et humanisées.

L'économie holistique se fonde sur des principes essentiels qui redéfinissent le concept de progrès, en élargissant sa perspective au-delà de la croissance matérielle. En son essence, cette approche reconnaît que le véritable bien-être humain ne peut être mesuré uniquement par l'accumulation de richesses ou par l'augmentation du Produit Intérieur Brut (PIB), mais plutôt par la qualité de vie des personnes, la préservation de l'environnement et la justice sociale. Ainsi, l'économie holistique intègre plusieurs piliers fondamentaux qui guident sa pratique et son application dans le monde contemporain.

 Le premier de ces piliers est la vision intégrale du bien-être. Contrairement à l'économie traditionnelle, qui privilégie la croissance économique comme une fin en soi, l'économie holistique comprend que le développement doit tenir compte d'un large éventail de facteurs, notamment la santé, l'éducation, les relations sociales, la culture et l'environnement. Elle part du principe que la prospérité d'une société ne peut être dissociée du bien-être des personnes qui la composent. Ainsi, au lieu de se concentrer uniquement sur l'augmentation de la production et de la consommation, cette approche vise à garantir que les individus aient accès à des conditions de vie dignes, à l'équilibre émotionnel et à une participation active à la communauté.

 Un autre principe essentiel est la durabilité écologique, qui reconnaît que l'économie n'existe pas de manière isolée, mais est profondément liée aux écosystèmes. Le modèle traditionnel, basé sur l'exploitation incessante des ressources naturelles, s'est avéré insoutenable, conduisant à l'épuisement des matières premières, à l'augmentation de la pollution et au changement climatique. L'économie holistique, en revanche, propose une relation plus harmonieuse entre l'activité économique et l'environnement. Au lieu de simplement atténuer les impacts négatifs, elle promeut des pratiques régénératrices, qui restaurent la biodiversité, réduisent le gaspillage et garantissent que les ressources naturelles soient utilisées de manière équilibrée et consciente, afin de préserver la qualité de vie des générations futures.

La justice sociale et l'équité occupent également une place centrale dans l'économie holistique. Dans un monde marqué par de profondes inégalités économiques et sociales, cette approche vise à garantir que la prospérité soit distribuée de manière juste et accessible à tous. Cela signifie lutter contre l'exclusion sociale, promouvoir des politiques publiques qui réduisent la pauvreté et créer des mécanismes qui garantissent des opportunités équitables pour toutes les couches de la société. Dans ce contexte, des pratiques telles que l'économie solidaire, qui valorise la coopération et l'autogestion, deviennent fondamentales pour la construction d'un modèle économique plus inclusif et démocratique.

De plus, l'économie holistique valorise la diversité et la résilience. Au lieu de dépendre d'un seul secteur ou modèle économique, elle encourage la création de systèmes diversifiés et adaptables, capables de faire face aux crises et aux changements inattendus. Cela inclut le renforcement des économies locales, la stimulation de l'innovation et la valorisation des cultures et des savoirs traditionnels. La diversité économique et culturelle rend les sociétés plus flexibles et préparées à relever les défis, en garantissant qu'elles puissent se réinventer face aux transformations mondiales.

Un autre aspect essentiel est la participation et la démocratie économique. L'économie holistique reconnaît que les décisions économiques affectent la vie de chacun et doivent donc être prises de manière transparente et inclusive. Cela signifie encourager la participation active de la population à la définition des politiques économiques et à la gestion des ressources. Les modèles de gouvernance participative, les coopératives et les entreprises sociales sont des exemples de la façon dont cette approche peut être appliquée dans la pratique, en créant un environnement où l'économie est gérée de manière plus juste et collaborative.

La mise en œuvre de l'économie holistique se fait au moyen de diverses pratiques déjà adoptées dans différentes parties du monde. Un exemple significatif est l'économie circulaire, un modèle qui vise à éliminer le gaspillage et à maximiser la réutilisation des ressources. Contrairement au système linéaire traditionnel - basé sur la logique « extraire, produire, jeter » - l'économie circulaire propose un cycle continu de réutilisation, dans lequel les matériaux et les produits sont réintégrés au processus de production, réduisant le besoin d'extraction de nouvelles ressources et minimisant les impacts environnementaux.

Une autre approche importante au sein de l'économie holistique est l'économie solidaire, qui repose sur la coopération et la justice sociale. Ce modèle valorise des pratiques telles que les coopératives, les banques communautaires et les monnaies locales, favorisant l'inclusion économique et l'autosuffisance des communautés. En renforçant les réseaux de soutien mutuel et en encourageant le commerce équitable, l'économie solidaire réduit les inégalités et crée des alternatives durables au système économique conventionnel.

L'économie du bien-être est également une composante essentielle de cette approche, car elle redéfinit les indicateurs de progrès. Au lieu de mesurer le succès économique uniquement par la croissance du PIB, cette perspective prend en compte des mesures qui reflètent la qualité de vie de la population. Des indicateurs tels que l'Indice de Bonheur National Brut (BNB) et l'Indice de Progrès Véritable (IPV) prennent en compte des aspects tels que la santé, l'éducation, l'environnement et le bien-être psychologique, offrant une vision plus globale du développement humain.

L'économie régénérative va au-delà de la simple durabilité, en proposant des pratiques qui non seulement préservent, mais restaurent et revitalisent les écosystèmes. Cela inclut des initiatives telles que l'agriculture régénérative, qui restaure la fertilité des sols et favorise la biodiversité, et des projets de restauration environnementale, qui aident à inverser les dommages causés par la dégradation humaine. L'idée centrale de cette approche est que l'économie peut être un agent positif dans la régénération de la planète, et pas seulement un facteur de destruction.

De plus, l'économie locale et communautaire joue un rôle fondamental dans la construction d'un modèle économique plus équilibré et résilient. En encourageant la consommation et la production locales, cette approche renforce les petites entreprises, réduit la dépendance aux chaînes d'approvisionnement mondiales et favorise un sentiment d'appartenance et de coopération au sein des communautés.

La technologie et l'innovation jouent également un rôle crucial dans l'économie holistique. Des avancées telles que les énergies renouvelables, l'agriculture de précision et la blockchain peuvent être utilisées pour promouvoir la durabilité, l'inclusion et l'efficacité. Cependant, il est essentiel que le développement technologique soit guidé par des principes éthiques et une responsabilité sociale, en veillant à ce que ses avantages soient répartis équitablement et que ses impacts environnementaux soient minimisés.

Malgré ses nombreux avantages, l'économie holistique est confrontée à des défis importants. La résistance au changement, la dépendance aux systèmes économiques traditionnels et le manque de soutien institutionnel sont des obstacles qui doivent être surmontés. Cependant, les opportunités sont vastes. L'intérêt croissant pour la durabilité, la demande de pratiques plus justes et l'expansion des réseaux de collaboration mondiaux offrent un contexte propice à la consolidation de cette nouvelle approche.

Les individus jouent également un rôle fondamental dans la transition vers l'économie holistique. De petits changements au quotidien, comme adopter une consommation plus consciente, soutenir les entreprises locales et participer à des initiatives communautaires, peuvent avoir un impact significatif. L'éducation et la sensibilisation sont des outils essentiels pour favoriser cette transformation culturelle, en créant une société plus informée et engagée dans la construction d'un avenir durable.

Ainsi, l'économie holistique nous invite à repenser notre relation à l'économie, à l'environnement et à la société. En adoptant cette perspective, nous pouvons construire un monde où le progrès est mesuré non seulement par la richesse matérielle, mais aussi par le bien-être collectif, la régénération de la nature et la justice sociale. Cette approche nous aide non seulement à relever les défis du présent, mais nous inspire également à créer un avenir plus harmonieux, inclusif et durable.

La concrétisation de l'économie holistique dépend de la convergence des efforts entre les gouvernements, les entreprises et les citoyens. Pour que cette transformation se produise efficacement, il est nécessaire que les politiques publiques soient reformulées afin de donner la priorité aux modèles économiques régénératifs, en garantissant des incitations aux pratiques durables et en réduisant la dépendance aux secteurs prédateurs. Parallèlement, les entreprises doivent assumer un rôle de coresponsabilité, en adoptant des modèles de production et de gestion qui respectent les limites environnementales et promeuvent l'équité sociale. Cependant, aucun changement ne sera véritablement durable sans l'engagement de la population, qui, par ses choix quotidiens et sa participation active aux processus politiques et économiques, peut renforcer cette nouvelle vision du développement.

Plus qu'un ensemble de stratégies économiques, l'économie holistique représente un changement profond dans la façon dont la société perçoit le progrès. Elle remet en question la logique de la croissance illimitée et propose une nouvelle mentalité basée sur l'équilibre entre prospérité et préservation, entre innovation et respect des traditions, entre bien-être individuel et collectif. Il s'agit d'une invitation à réévaluer nos priorités et à reconnaître que la vraie richesse ne réside pas seulement dans l'accumulation de biens, mais dans la qualité des relations humaines, la santé des écosystèmes et la capacité de garantir un avenir digne aux générations futures.

Le chemin vers la mise en œuvre de ce modèle ne sera pas simple, mais les transformations déjà en cours montrent que ce changement est non seulement possible, mais nécessaire. Chaque pas vers une économie plus juste, durable et intégrée renforce les bases d'un monde plus équilibré et résilient. À mesure que les gouvernements, les entreprises et les individus prennent conscience de l'impact de leurs décisions, la possibilité de construire un système économique qui valorise avant tout la vie sous toutes ses formes s'accroît. Le défi est lancé: choisir entre l'inertie du passé ou la construction d'un avenir où prospérité et harmonie vont de pair.

Chapitre 17
Visions Systémiques pour un Monde Meilleur

Les sociétés modernes sont confrontées à des défis de plus en plus complexes et interconnectés, exigeant des approches politiques qui transcendent la fragmentation et les intérêts immédiats. La gouvernance traditionnelle, souvent orientée par des cycles électoraux courts et l'influence de groupes de pouvoir, a des difficultés à gérer les problèmes systémiques tels que le changement climatique, les inégalités sociales et les crises économiques récurrentes. Ces défis ne peuvent être résolus isolément, car ils sont profondément liés et nécessitent une vision globale et intégrée. La politique et la gouvernance holistiques émergent comme une réponse nécessaire à cette lacune, proposant un modèle qui privilégie l'interconnexion entre les différents aspects de la société, la participation active de la population et la durabilité à long terme. Au lieu de politiques réactives, qui ne combattent que les symptômes des problèmes, cette approche vise à identifier et à traiter leurs causes structurelles, en promouvant un équilibre entre la croissance économique, la justice sociale et la préservation de l'environnement.

Pour construire un modèle politique plus efficace et durable, il est essentiel de repenser les fondements de la gouvernance, en intégrant des principes qui favorisent les décisions fondées sur des preuves, la transparence et l'équité. La politique holistique reconnaît que la prospérité d'une nation ne peut être mesurée uniquement par la croissance économique, mais aussi par la qualité de vie de ses citoyens, l'accès aux droits fondamentaux et la santé des écosystèmes. Ce modèle met l'accent sur la nécessité d'élargir les processus démocratiques, en permettant aux différents secteurs de la société de participer activement aux décisions qui les affectent. Cela comprend des mécanismes de démocratie participative, tels que les budgets collaboratifs et les assemblées populaires, ainsi que l'intégration des connaissances traditionnelles et scientifiques dans la formulation des politiques publiques. De plus, la gouvernance holistique valorise la coopération entre les différents niveaux de gouvernement et les secteurs de la société, en promouvant des partenariats qui renforcent la résilience des communautés et garantissent la mise en œuvre de solutions efficaces et durables.

La transition vers une gouvernance holistique n'est pas sans défis, car elle exige des changements culturels, structurels et institutionnels profonds. La résistance au changement, l'influence des intérêts établis et la complexité des systèmes politiques sont des obstacles à surmonter. Cependant, les progrès technologiques et la prise de conscience croissante de la nécessité de modèles plus durables créent des opportunités sans précédent pour cette transformation.

Les outils numériques peuvent accroître la transparence et la participation citoyenne, tandis que les réseaux de collaboration mondiaux facilitent l'échange d'idées et de bonnes pratiques entre les différents pays et communautés. L'engagement des citoyens est un élément crucial de ce processus, car la politique holistique ne se construit pas seulement de haut en bas, mais aussi par le biais d'actions quotidiennes qui promeuvent des valeurs telles que la justice, la solidarité et la responsabilité collective. En renforçant la participation démocratique et en adoptant une vision intégrée de la gouvernance, il est possible de créer des sociétés plus justes, résilientes et préparées à relever les défis de l'avenir.

  La politique et la gouvernance holistiques se fondent sur des principes qui visent à transformer la manière dont les sociétés relèvent les défis mondiaux, en promouvant des solutions durables, justes et participatives. Le premier principe essentiel est la vision systémique, qui reconnaît l'interconnexion entre des questions telles que le changement climatique, les inégalités sociales et la perte de biodiversité. Au lieu de traiter les symptômes des problèmes isolément, cette approche vise à comprendre leurs causes structurelles, en adoptant des stratégies qui tiennent compte des multiples facteurs qui influencent ces phénomènes. Ainsi, les politiques efficaces doivent prendre en compte non seulement les variables économiques, mais aussi les impacts sociaux et environnementaux, en veillant à ce que les décisions à court terme ne compromettent pas la durabilité future.

Un autre pilier fondamental est la participation et l'inclusion. La gouvernance holistique soutient que tous les secteurs de la société, y compris les groupes marginalisés et les communautés locales, doivent avoir une voix active dans la prise de décision. Cela signifie valoriser les connaissances traditionnelles et académiques, en veillant à ce que les différentes perspectives soient prises en compte dans la formulation des politiques publiques. L'adoption de mécanismes tels que les budgets participatifs, les consultations populaires et les assemblées citoyennes renforce la démocratie en offrant une plus grande représentativité et un engagement social accru. De cette manière, les décisions gouvernementales cessent d'être l'apanage des élites politiques et économiques et reflètent plus justement les besoins réels de la population.

La durabilité et la résilience sont également des principes centraux de la politique holistique. Toute décision doit tenir compte de ses impacts à long terme et de la nécessité de préserver les ressources naturelles pour les générations futures. Cela implique non seulement la conservation de l'environnement, mais aussi la création de systèmes sociaux et économiques capables de s'adapter et de résister aux crises. La résilience des communautés peut être renforcée par la diversification économique, l'éducation environnementale et des politiques qui encouragent les pratiques régénératrices, telles que l'agriculture durable et l'économie circulaire.

La justice et l'équité sont d'autres principes fondamentaux. La gouvernance holistique vise à réduire les inégalités et à garantir que chacun ait accès aux opportunités et aux ressources de base, telles que l'éducation, la santé et un logement décent. Cela exige des politiques redistributives et un engagement en faveur de l'inclusion sociale, en promouvant le bien-être collectif au lieu de concentrer les avantages sur de petits groupes privilégiés. Des mesures telles que l'impôt progressif, les programmes de transfert de revenu et les investissements dans les infrastructures sociales sont des exemples de la manière dont l'équité peut être intégrée aux politiques publiques.

Enfin, la transparence et la responsabilité sont essentielles pour garantir l'intégrité des institutions. Les gouvernements et les organisations doivent être ouverts, éthiques et rendre des comptes à la société, en évitant la corruption et en promouvant la confiance entre les citoyens et les dirigeants politiques. Des outils tels que les données ouvertes, les audits publics et les plateformes de surveillance gouvernementale sont des mécanismes qui peuvent accroître la transparence et renforcer la démocratie.

La politique et la gouvernance holistiques ne se limitent pas à des concepts abstraits; elles se traduisent en pratiques concrètes qui sont déjà mises en œuvre dans différentes parties du monde. Les politiques fondées sur des preuves, qui utilisent des données scientifiques et des analyses approfondies pour étayer les décisions gouvernementales, en sont un exemple. Au lieu d'adopter des mesures impulsives ou influencées par des intérêts politiques, ce modèle privilégie les solutions fondées sur la recherche et les expériences réussies. La prise en compte des impacts sociaux, environnementaux et économiques avant la mise en œuvre des politiques publiques rend les décisions plus efficaces et alignées sur les besoins réels de la population.

Un autre aspect crucial est la gouvernance multiniveau, qui reconnaît la nécessité d'une coopération entre les différentes sphères du pouvoir public. Les problèmes mondiaux exigent des solutions coordonnées entre les gouvernements locaux, nationaux et internationaux, ainsi qu'une collaboration entre les secteurs public, privé et les organisations de la société civile. Cette approche encourage les partenariats stratégiques et facilite la mise en œuvre de politiques intégrées, renforçant la résilience des communautés et promouvant le développement durable.

La démocratie participative joue également un rôle central. Des mécanismes tels que les budgets participatifs, les consultations publiques et les assemblées citoyennes permettent à la population d'influencer directement les décisions qui affectent leur vie quotidienne. En promouvant une plus grande participation civique, cette approche renforce la légitimité des politiques publiques et réduit l'aliénation politique, en encourageant un sentiment de responsabilité collective dans la construction de l'avenir.

Dans le domaine environnemental, les politiques de durabilité sont essentielles pour garantir la préservation des écosystèmes et l'atténuation du changement climatique. Les gouvernements qui adoptent la perspective holistique investissent dans les énergies renouvelables, l'efficacité énergétique, le reboisement et l'économie circulaire, en cherchant à minimiser le gaspillage et les impacts environnementaux. Des incitations pour les entreprises et les citoyens à adopter des pratiques durables font également partie de ce modèle, en promouvant une culture de responsabilité environnementale.

La justice réparatrice est une autre pratique qui reflète les principes de la gouvernance holistique. Au lieu de privilégier les sanctions sévères et répressives, cette approche propose la résolution des conflits par le dialogue, la réconciliation et la réparation des dommages causés. Appliquée dans divers domaines, des systèmes judiciaires à la médiation des conflits communautaires, la justice réparatrice favorise la cohésion sociale et renforce les liens de solidarité.

La technologie et l'innovation jouent un rôle essentiel dans la gouvernance holistique. L'utilisation de l'intelligence artificielle, de l'analyse de données et des plateformes numériques peut améliorer la transparence gouvernementale et accroître la participation citoyenne. Les systèmes de suivi des politiques publiques, les applications de dénonciation et les outils de participation en ligne permettent aux citoyens de suivre et d'influencer les décisions politiques en temps réel. Cependant, il est essentiel que la technologie soit développée et utilisée de manière éthique et responsable, en veillant à ce que ses avantages soient accessibles à tous et que ses impacts sociaux et environnementaux soient soigneusement pris en compte.

Malgré les progrès réalisés, la mise en œuvre de la politique et de la gouvernance holistiques se heurte à des défis importants. La résistance au changement, les intérêts politiques et économiques établis et la complexité des systèmes gouvernementaux peuvent entraver la transition vers ce modèle. Le manque de ressources et de capacités pour les gestionnaires publics représente également un obstacle, ce qui rend essentiel l'investissement dans l'éducation politique et le développement de leadership engagés dans cette vision.

Cependant, les opportunités d'étendre ce modèle sont nombreuses. La prise de conscience croissante de la durabilité et de la justice sociale à l'échelle mondiale stimule la demande de politiques plus inclusives et responsables. En outre, la mondialisation et la technologie facilitent l'échange de connaissances et d'expériences entre les pays, ce qui permet d'adapter et de reproduire les bonnes pratiques dans différents contextes.

Enfin, le rôle du citoyen est indispensable à la construction d'une gouvernance holistique efficace. En plus de voter et d'exiger la transparence des gouvernants, chaque individu peut contribuer activement en s'engageant dans des initiatives communautaires, en promouvant des dialogues constructifs et en adoptant des habitudes durables au quotidien. L'éducation et la sensibilisation sont des outils puissants pour impulser un changement culturel vers une société plus juste, équilibrée et durable.

En intégrant ces principes et pratiques, la politique et la gouvernance holistiques offrent une voie prometteuse pour relever les défis du XXIe siècle. L'interconnexion entre les différents domaines de la société exige des solutions qui transcendent les approches fragmentées et à court terme. En renforçant la participation démocratique, en garantissant l'équité et en privilégiant la durabilité, il est possible de créer un modèle de gouvernance qui favorise la prospérité partagée et un avenir plus harmonieux pour tous.

La construction de ce nouveau paradigme de gouvernance exige un engagement continu envers l'innovation politique et la transformation culturelle. À mesure que davantage de sociétés prennent conscience de l'inefficacité des modèles traditionnels fragmentés, il devient de plus en plus nécessaire d'investir dans des leaders capables d'articuler des solutions systémiques et inclusives. Dans ce contexte, l'éducation politique joue un rôle essentiel en préparant les citoyens et les gestionnaires à comprendre la complexité des défis contemporains et à collaborer à la formulation de politiques publiques qui répondent réellement aux besoins collectifs. Cette transition ne se fera pas du jour au lendemain, mais chaque pas vers une gouvernance plus holistique représente une avancée significative dans la construction d'un monde plus juste et durable.

Outre les changements structurels, l'adoption de la politique holistique exige également un nouveau regard sur les valeurs qui guident la vie en société. L'individualisme exacerbé et la priorisation du profit au détriment du bien-être collectif doivent céder la place à des principes fondés sur la coopération, l'éthique et la coresponsabilité. Les modèles qui valorisent la transparence et la participation active de la population montrent qu'il est possible d'équilibrer le développement économique avec la justice sociale et la préservation de l'environnement. Le défi consiste à traduire ces idées en actions concrètes et durables, en résistant aux pressions de ceux qui profitent du maintien du statu quo.

La gouvernance holistique n'est pas seulement un concept théorique, mais une nécessité urgente dans un monde confronté à des défis de plus en plus interconnectés. À mesure que de nouvelles expériences montrent leurs résultats positifs, il devient évident que les solutions fragmentées ne suffisent plus. L'avenir dépend de la capacité collective de repenser la politique comme un outil de transformation réelle, capable de construire des sociétés plus résilientes, équilibrées et prospères. En adoptant une vision systémique, collaborative et durable, l'humanité pourra s'engager sur une voie qui transcende les crises et établit des bases solides pour un monde meilleur.

Chapitre 18
Outils pour l'intégration

La rapide évolution de la technologie et de l'innovation a profondément redéfini la manière dont nous vivons, travaillons et interagissons avec le monde. Si, d'un côté, ces transformations apportent des avancées significatives dans la qualité de vie et l'efficacité des processus productifs, de l'autre, elles imposent également des défis éthiques, sociaux et environnementaux qui doivent être soigneusement considérés. Le progrès technologique ne peut être guidé uniquement par le désir de croissance et de profit, mais doit être aligné sur des principes d'équité, de durabilité et de bien-être collectif. L'adoption d'une approche holistique de la technologie et de l'innovation exige de prendre en compte non seulement les avantages immédiats, mais aussi les impacts à long terme sur la société, l'environnement et les générations futures. Ce nouveau paradigme cherche à intégrer différents domaines de connaissance et à promouvoir des solutions qui respectent les limites de la planète, tout en élargissant les opportunités et l'inclusion sociale.

La technologie a un énorme potentiel pour promouvoir l'intégration entre les individus, les communautés et les nations, en facilitant l'échange de connaissances et en renforçant les réseaux de collaboration mondiale. L'avancée des communications numériques, de l'intelligence artificielle et de l'internet des objets a permis la création de nouvelles formes d'interaction et de coopération, réduisant les distances et rendant l'information accessible à un nombre croissant de personnes. Cependant, l'accès inégal à la technologie reste un obstacle important, amplifiant l'exclusion numérique et aggravant les inégalités sociales et économiques. Une innovation véritablement holistique doit donner la priorité à la démocratisation de l'accès aux outils technologiques, en veillant à ce que chacun puisse bénéficier de ses avancées et qu'aucune communauté ne soit laissée pour compte. De plus, il est essentiel de promouvoir l'éducation numérique et la pensée critique, afin que les gens puissent utiliser la technologie de manière consciente et responsable, en évitant des risques tels que la désinformation, la manipulation des données et la perte de confidentialité.

L'innovation axée sur la durabilité est un autre pilier essentiel de cette approche, car elle permet de relever des défis mondiaux tels que le changement climatique, l'épuisement des ressources naturelles et la dégradation de l'environnement. Les technologies émergentes, telles que les énergies renouvelables, l'agriculture régénérative, les biomatériaux et les solutions fondées sur la nature, démontrent que le développement peut être compatible avec la préservation de l'environnement et la régénération des écosystèmes. Cependant, pour que ces solutions soient largement adoptées, un effort conjoint entre les gouvernements, les entreprises et la société civile est nécessaire, en promouvant des politiques publiques qui encouragent des modèles de production durables et en garantissant que l'innovation réponde aux besoins du présent sans compromettre les possibilités de l'avenir. Le véritable progrès technologique ne réside pas seulement dans la création de nouveaux produits et services, mais dans la capacité de façonner un monde plus juste, plus équilibré et mieux préparé aux défis à venir.

La technologie a le pouvoir de connecter les personnes, les idées et les ressources de manières auparavant inimaginables. L'avancée des plateformes numériques, des réseaux sociaux et des outils de communication a permis aux individus et aux communautés de se réunir virtuellement pour échanger des connaissances, développer des projets et résoudre des problèmes collectifs. Cette connectivité a élargi les opportunités d'intégration sociale, culturelle et économique, en éliminant les barrières physiques et en permettant le dialogue entre différentes réalités. Aujourd'hui, les entreprises peuvent opérer à l'échelle mondiale, les professionnels peuvent collaborer indépendamment de leur emplacement et les mouvements sociaux peuvent prendre de l'ampleur rapidement grâce aux réseaux numériques. Cette révolution dans la façon dont nous interagissons a apporté un potentiel immense pour la construction d'un monde plus interconnecté et inclusif.

Cependant, malgré toutes ces avancées, la technologie a également le pouvoir de créer des divisions. L'exclusion numérique est encore une réalité pour des millions de personnes qui n'ont pas accès aux appareils, à Internet ou aux connaissances techniques suffisantes pour profiter des avantages de la connectivité. Dans de nombreux endroits, l'infrastructure numérique est encore précaire ou inexistante, perpétuant les inégalités socio-économiques. De plus, la croissance des bulles d'information et la diffusion de contenus polarisants ont contribué à la fragmentation sociale et au renforcement des préjugés et de la désinformation. Face à ces défis, il est essentiel que la technologie soit développée et utilisée avec une approche holistique, en veillant à ce que son impact positif atteigne toutes les couches de la société. La promotion de l'inclusion numérique, par le biais d'un accès facilité à Internet, de l'éducation technologique et de politiques publiques visant à démocratiser la connaissance, est une étape fondamentale pour garantir que personne ne soit laissé pour compte.

L'innovation, en plus de promouvoir la connectivité, joue également un rôle central dans la recherche de solutions durables. Face aux défis environnementaux auxquels l'humanité est confrontée, le développement technologique doit être aligné sur des principes de régénération et de préservation. Les technologies émergentes montrent que la croissance économique peut aller de pair avec la durabilité. Les énergies renouvelables, comme l'énergie solaire et éolienne, sont devenues plus accessibles et plus efficaces, permettant une transition vers des matrices énergétiques moins polluantes. L'agriculture de précision, qui utilise des capteurs et l'intelligence artificielle pour optimiser l'utilisation des intrants, réduit le gaspillage et l'impact environnemental de la production alimentaire. Les modèles d'économie circulaire proposent la réutilisation et le recyclage des matériaux, réduisant l'extraction des ressources naturelles et l'accumulation de déchets.

Mais pour que ces innovations soient réellement efficaces, il est nécessaire d'intégrer différentes perspectives et disciplines dans la recherche de solutions équilibrées. Un exemple clair de ceci sont les villes intelligentes et durables, qui combinent diverses technologies pour améliorer la qualité de vie de la population et accroître la résilience urbaine. La mise en œuvre de systèmes de transport public efficaces et durables, de réseaux d'approvisionnement en eau intelligents, d'une gestion avancée des déchets et de sources d'énergie propre sont des étapes essentielles pour rendre les centres urbains plus habitables et durables. Cependant, pour que ces solutions soient largement adoptées, un effort conjoint entre les gouvernements, les entreprises et la société civile est nécessaire, en veillant à ce que les innovations soient accessibles et bénéfiques à tous.

En plus de connecter et de stimuler la durabilité, la technologie a également été un allié puissant dans la promotion du bien-être. Les applications axées sur la santé mentale et physique, les plateformes d'enseignement en ligne, les assistants virtuels pour la méditation et les programmes de suivi des activités physiques sont quelques exemples de la façon dont les progrès technologiques peuvent contribuer à améliorer la qualité de vie. Aujourd'hui, une personne peut accéder à une thérapie en ligne, apprendre une nouvelle langue de manière autodidacte ou surveiller ses habitudes de sommeil à l'aide d'appareils intelligents. Ces ressources augmentent l'autonomie des personnes sur leur propre santé et leur développement personnel.

Cependant, l'utilisation effrénée de la technologie peut avoir des impacts négatifs, en particulier lorsqu'il n'y a pas d'équilibre entre le monde numérique et la vie réelle. Le temps excessif passé devant les écrans, la surcharge d'informations et la connexion constante peuvent entraîner du stress, de l'anxiété et un isolement social. La dépendance aux appareils numériques peut compromettre la qualité du sommeil, les relations interpersonnelles et même la productivité au travail. Par conséquent, il est essentiel de promouvoir une utilisation consciente de la technologie, en encourageant les pauses, les périodes de déconnexion et les interactions en personne. L'équilibre entre la vie numérique et la réalité physique doit être encouragé tant dans les environnements professionnels que dans les contextes éducatifs et familiaux, afin que les avantages technologiques ne soient pas obscurcis par leurs effets néfastes.

L'innovation et la technologie soulèvent également des questions éthiques et sociales qui ne peuvent être ignorées. Les progrès de l'intelligence artificielle et de l'automatisation ont eu un impact profond sur le marché du travail, remplaçant certaines fonctions humaines par des systèmes plus efficaces.

Alors que certains secteurs bénéficient d'une productivité accrue, d'autres sont confrontés à des suppressions d'emplois et à une augmentation des inégalités sociales. De plus, la vie privée des utilisateurs est constamment menacée par l'utilisation abusive des données personnelles, la surveillance de masse et la manipulation de l'information. Les entreprises et les gouvernements doivent établir des réglementations claires pour protéger les citoyens et garantir que le développement technologique soit guidé par l'éthique et la transparence.

Une approche holistique de la technologie exige que toutes ces préoccupations soient prises en compte et que des solutions soient mises en œuvre pour atténuer ses risques. La création de politiques réglementant l'utilisation des données, la protection des droits numériques et la mise en œuvre de lignes directrices éthiques dans le développement de l'intelligence artificielle sont des mesures fondamentales. En outre, la participation active de la société aux décisions concernant l'innovation et la technologie est essentielle pour garantir que les solutions adoptées soient justes et représentatives.

Face à l'ampleur mondiale des défis et des opportunités offertes par la technologie, la collaboration entre les nations, les organisations et les secteurs devient indispensable. Le Programme de développement durable à l'horizon 2030 des Nations Unies et les Objectifs de développement durable (ODD) [1] sont des exemples d'initiatives qui encouragent la coopération internationale pour le développement durable. Les partenariats entre les gouvernements, les entreprises privées, les universités et les organisations non gouvernementales permettent l'échange de connaissances et la création de solutions conjointes qui profitent à toute l'humanité. La science citoyenne, dans laquelle les individus contribuent à la recherche et à l'analyse des données, montre comment la participation du public peut renforcer l'innovation et générer des impacts positifs à grande échelle.

Bien que le rôle des grandes institutions soit fondamental, chaque individu peut également contribuer à une utilisation plus responsable et durable de la technologie. De petits changements au quotidien, tels que la réduction de la consommation d'appareils électroniques inutiles, le soutien à des projets d'innovation durable et la pratique d'une utilisation équilibrée de la technologie, peuvent générer des impacts cumulatifs importants. La sensibilisation aux impacts de l'innovation et l'adoption d'habitudes qui privilégient le bien-être collectif sont des étapes essentielles pour la construction d'un avenir plus intégré et harmonieux.

Dans un monde où la technologie évolue rapidement et redéfinit notre façon de vivre, de penser et d'interagir, il est essentiel de veiller à ce que cette évolution soit guidée par des valeurs qui favorisent l'équité, la durabilité et le bien-être social. L'adoption d'une approche holistique ne signifie pas seulement maximiser les avantages technologiques, mais aussi minimiser ses risques et garantir que ses avantages soient accessibles à tous. Grâce à la collaboration entre les individus, les entreprises, les gouvernements et les organisations, nous pouvons créer un avenir où l'innovation ne se contente pas de résoudre les problèmes, mais inspire également un monde plus juste, plus équilibré et mieux préparé aux défis de demain.

La transition vers une société véritablement intégrée dépend de la manière dont nous choisissons d'utiliser les outils technologiques à notre avantage. Le progrès ne se définit pas uniquement par la sophistication des innovations, mais par l'impact positif qu'elles génèrent sur la vie des personnes et sur la préservation de la planète. La recherche de solutions inclusives et durables exige un regard critique sur les conséquences de l'avancée numérique, en veillant à ce qu'elle serve à renforcer les liens sociaux, à réduire les inégalités et à promouvoir un développement équilibré. Le défi, par conséquent, ne réside pas seulement dans la création de nouvelles technologies, mais dans la construction d'une culture qui valorise leur application éthique et responsable.

De plus, la collaboration continue entre les différents secteurs sera essentielle pour façonner ce nouveau paysage. Les gouvernements doivent créer des réglementations qui encouragent l'utilisation consciente de l'innovation, tandis que les entreprises doivent intégrer des engagements environnementaux et sociaux dans leurs stratégies. Le monde universitaire et la société civile jouent également un rôle fondamental en élargissant le débat sur les impacts de la technologie et en encourageant la participation active des citoyens à la définition des orientations pour son développement. Ce n'est que par un effort conjoint qu'il sera possible de garantir que le progrès technologique devienne un moteur d'inclusion et de durabilité, plutôt qu'un facteur d'exclusion et de dégradation.

La voie vers un avenir plus intégré et équilibré réside dans la manière dont nous utilisons les ressources disponibles pour créer un impact positif durable. La technologie, lorsqu'elle est associée à des principes d'équité et de régénération, peut être un outil puissant pour transformer la réalité et préparer les prochaines générations à des défis de plus en plus complexes. Il appartient à chacun de nous, en tant qu'individus et en tant que collectivité, de décider si nous voulons être de simples consommateurs d'innovations ou des acteurs actifs dans la construction d'un monde où la technologie est synonyme de connexion, d'harmonie et de prospérité partagée.

Chapitre 19
Célébrer l'Unité dans la Pluralité

La diversité culturelle est l'une des plus grandes richesses de l'humanité, reflétant la complexité et la profondeur de l'expérience humaine à travers l'histoire. Chaque culture porte en elle un ensemble unique de valeurs, de croyances, de traditions et d'expressions artistiques qui façonnent les identités individuelles et collectives. Cependant, dans un monde de plus en plus globalisé, il existe un risque croissant que cette diversité soit effacée par l'homogénéisation culturelle, où les pratiques et les coutumes locales sont remplacées par des normes dominantes. Pour éviter cette perte inestimable, il est essentiel d'adopter une approche qui reconnaisse et célèbre la pluralité, en promouvant le respect mutuel et l'intégration harmonieuse entre les différentes traditions. Valoriser la diversité ne signifie pas seulement préserver le passé, mais aussi créer des espaces où différentes cultures peuvent coexister, s'influencer positivement et évoluer ensemble. En considérant la culture comme un champ dynamique d'échanges et d'apprentissage, nous pouvons construire des sociétés plus riches, plus résilientes et plus inclusives, dans lesquelles l'identité de chaque groupe est respectée sans que cela ne signifie isolement ou conflit.

La pluralité culturelle, lorsqu'elle est reconnue et encouragée, renforce le tissu social, rendant les communautés plus adaptables aux changements et mieux préparées à relever les défis mondiaux. En temps de crise, la diversité des perspectives et des solutions offertes par différentes traditions peut être un facteur décisif pour l'innovation et le dépassement des difficultés. Cependant, la construction d'une société véritablement pluraliste exige plus que la simple acceptation des différences ; elle requiert la promotion active du dialogue interculturel et de l'inclusion. Cela signifie créer des opportunités pour que toutes les voix soient entendues, en veillant à ce que les cultures historiquement marginalisées aient la possibilité de s'exprimer et de contribuer au développement social. L'éducation joue un rôle crucial dans ce processus, car en enseignant les différentes cultures et traditions, elle aide à combattre les préjugés et les stéréotypes, favorisant une vision plus large et plus empathique du monde. De plus, les politiques publiques et les initiatives privées peuvent jouer un rôle important dans la protection du patrimoine culturel et la valorisation de la diversité dans tous les aspects de la vie sociale, économique et politique.

La technologie et les médias jouent un rôle ambigu dans cette dynamique : s'ils peuvent être utilisés pour accroître la visibilité des cultures diverses et encourager les échanges mondiaux, ils peuvent également renforcer les inégalités et promouvoir une vision standardisée de l'identité culturelle. Les réseaux sociaux, les plateformes de streaming et autres outils numériques offrent une portée sans précédent aux groupes culturels pour partager leurs expressions artistiques et leurs récits, permettant à des traditions autrefois limitées à un contexte local d'être appréciées à l'échelle mondiale. Cependant, cette démocratisation de l'accès à la culture doit s'accompagner d'un effort conscient pour garantir que toutes les représentations soient authentiques et respectueuses, en évitant l'appropriation culturelle et la distorsion des significations. Le défi contemporain n'est pas seulement de préserver la diversité culturelle, mais aussi de garantir que cette diversité puisse se manifester de manière juste et équilibrée dans un monde interconnecté. Célébrer l'unité dans la pluralité signifie reconnaître que, malgré nos origines, nos histoires et nos coutumes distinctes, nous sommes tous liés par une humanité commune, et c'est cette interconnexion qui nous permet de construire un avenir plus riche, plus harmonieux et plus durable.

La diversité culturelle se présente comme une expression vivante de la créativité et de l'adaptabilité humaine, reflétant les innombrables façons dont les peuples, tout au long de l'histoire, ont façonné leurs identités, leurs croyances et leurs traditions. Chaque culture porte un héritage propre, un bagage de valeurs et de pratiques qui enrichissent non seulement ceux qui en font partie, mais l'humanité tout entière. La coexistence de ces multiples perspectives offre la possibilité d'un apprentissage constant, élargissant les horizons et fournissant des solutions innovantes aux défis communs. En observant les échanges culturels, nous réalisons comment différentes sociétés ont trouvé des manières uniques de gérer la nature, la spiritualité, les relations interpersonnelles et les progrès technologiques. C'est dans cette mosaïque d'expériences que réside la véritable richesse de la diversité : elle nous permet d'apprendre les uns des autres, d'explorer de nouvelles voies et de construire des ponts entre différentes manières de voir et d'être au monde.

Plus qu'une source d'apprentissage, la diversité culturelle représente également un pilier de résilience pour les sociétés. En temps de crise, qu'elles soient environnementales, économiques ou sociales, la diversité des approches et des solutions offertes par différentes traditions peut être cruciale pour surmonter les difficultés. Lorsqu'une communauté valorise sa pluralité, elle devient plus flexible, capable de se réinventer et de trouver des alternatives aux défis imprévus. En revanche, les sociétés qui négligent leur diversité ou qui imposent une uniformisation forcée ont tendance à perdre une partie de leur vitalité, devenant moins préparées à faire face à des changements brusques. Ainsi, la préservation de la diversité culturelle n'est pas seulement une question de respect des traditions, mais aussi une stratégie essentielle pour la durabilité et le bien-être collectif.

Cependant, cette richesse est confrontée à des défis constants, notamment dans un monde où la mondialisation peut, simultanément, élargir l'accès à différentes cultures et promouvoir l'homogénéisation des coutumes. L'avancée des communications et des grandes industries culturelles entraîne souvent la prédominance de certaines expressions culturelles au détriment d'autres, conduisant à la marginalisation des traditions locales et à la perte progressive des identités. Les peuples autochtones, les communautés traditionnelles et les groupes ethniques minoritaires voient souvent leurs langues disparaître, leurs coutumes ignorées et leurs terres menacées. De plus, la diversité culturelle peut, dans certaines situations, être source de tensions, notamment lorsque différents groupes sont en concurrence pour l'espace, les ressources ou la reconnaissance. Les préjugés et la discrimination apparaissent lorsque la différence est perçue comme un obstacle, plutôt qu'un point de rencontre. Pour surmonter ces défis, il est essentiel d'adopter une approche qui favorise le dialogue, le respect mutuel et la coopération entre les différents groupes, en veillant à ce que toutes les cultures aient la possibilité de s'exprimer et de se développer.

C'est dans ce contexte qu'émerge le concept d'unité dans la pluralité, une idée qui reconnaît la diversité comme une force enrichissante, tout en cherchant à promouvoir l'harmonie et la collaboration entre les différentes cultures. Cette vision n'ignore pas les différences ; au contraire, elle les célèbre comme des éléments fondamentaux de l'expérience humaine. Cependant, elle souligne que, malgré les origines et les histoires distinctes, il existe quelque chose d'essentiel qui relie tous les êtres humains : la capacité de partager, d'apprendre et de construire ensemble. L'unité dans la pluralité ne signifie pas uniformité, mais plutôt la création d'un environnement où différentes traditions peuvent coexister de manière respectueuse et productive. Cela implique des efforts concrets pour valoriser la diversité, tels que la promotion du dialogue interculturel, la mise en valeur des expressions culturelles et la création d'espaces où de multiples identités peuvent s'épanouir sans crainte d'exclusion ou de répression.

Pour célébrer la diversité culturelle de manière significative, il est nécessaire d'adopter des pratiques et des initiatives qui renforcent le respect, l'inclusion et la compréhension mutuelle. L'un des principaux moyens d'y parvenir est l'éducation interculturelle, qui vise non seulement à enseigner l'histoire et les traditions de différents peuples, mais aussi à encourager l'échange d'expériences entre des individus d'origines diverses. Les écoles et les universités jouent un rôle crucial en intégrant des contenus qui favorisent la sensibilisation à la pluralité culturelle et combattent les stéréotypes. De plus, les festivals et les célébrations culturelles constituent de puissants outils d'intégration, offrant aux personnes la possibilité de découvrir de nouvelles formes d'art, de musique, de cuisine et de coutumes, favorisant ainsi l'appréciation et l'acceptation des différences.

La mise en œuvre de politiques publiques axées sur l'inclusion et la diversité est également essentielle pour garantir que toutes les cultures aient une voix et une visibilité dans les différentes sphères de la société. Cela comprend des mesures telles que la représentation dans les médias, l'égalité des chances sur le marché du travail et l'encouragement à la production culturelle locale. Le dialogue interculturel doit être stimulé tant au niveau communautaire que dans les grands forums internationaux, en créant des espaces où différents peuples peuvent partager leurs visions du monde et renforcer les liens de coopération. Parallèlement, la préservation du patrimoine culturel doit être une priorité, en veillant à ce que les monuments, les langues, les rituels et les savoirs ancestraux soient protégés et transmis aux générations futures. Les musées, les bibliothèques et les centres culturels jouent un rôle essentiel dans ce processus, en tant que gardiens de la mémoire collective de l'humanité.

La technologie et les médias, quant à eux, occupent une position ambiguë dans ce contexte. S'ils offrent, d'une part, une plateforme sans précédent pour la diffusion de cultures et de récits autrefois limités à de petits groupes, ils peuvent également, d'autre part, renforcer les stéréotypes et promouvoir une vision déformée de la diversité. L'accès à Internet permet aux artistes, aux écrivains et aux communautés de partager leurs expressions culturelles avec un public mondial, démocratisant la production et la consommation culturelles. Cependant, ce même espace virtuel peut être dominé par de grands conglomérats qui uniformisent les contenus et imposent certaines tendances culturelles à l'échelle mondiale. Pour garantir que la technologie soit un allié dans la valorisation de la diversité, il est essentiel qu'elle soit utilisée de manière éthique et responsable, en encourageant la pluralité des voix et en veillant à ce que toutes les représentations culturelles soient faites de manière authentique et respectueuse.

Malgré les défis auxquels la promotion de la diversité culturelle est confrontée, il existe de nombreuses opportunités d'accroître sa reconnaissance et sa valorisation. La prise de conscience croissante de l'importance de l'inclusion a conduit les gouvernements, les entreprises et les organisations à adopter des politiques plus sensibles à la diversité. De plus, la mondialisation, lorsqu'elle est bien orientée, peut faciliter les échanges culturels et encourager la collaboration entre les différents peuples. L'émergence de réseaux de coopération internationale, le renforcement des mouvements sociaux et la croissance de l'activisme numérique indiquent qu'il existe un mouvement mondial en faveur de la diversité et de la justice culturelle.

En fin de compte, la culture et la diversité sont des expressions de la richesse et de la complexité de l'expérience humaine. En embrassant l'unité dans la pluralité, nous favorisons non seulement le respect et l'inclusion, mais nous construisons également un monde plus harmonieux, plus durable et plus interconnecté. La diversité culturelle nous enseigne que, quelles que soient les différences, il existe toujours des points de convergence capables de nous unir. Lorsque nous reconnaissons et valorisons cette pluralité, nous créons un avenir où toutes les voix sont entendues, toutes les histoires sont racontées et toutes les cultures sont célébrées.

La construction d'un monde qui célèbre l'unité dans la pluralité exige un engagement continu envers l'empathie et le respect mutuel. Dans un contexte mondial où les frontières culturelles deviennent de plus en plus fluides, il est essentiel que les sociétés encouragent les espaces d'échange et d'apprentissage, en veillant à ce que chaque culture puisse conserver son identité sans crainte d'effacement ou de domination. Cela implique non seulement de reconnaître l'importance des traditions, mais aussi de créer des opportunités pour que différents groupes collaborent et contribuent à un avenir partagé. La véritable richesse de la diversité ne réside pas seulement dans son existence, mais dans la manière dont elle est vécue et valorisée au quotidien.

Cependant, ce chemin n'est pas sans défis. Le dialogue interculturel doit surmonter des obstacles historiques de préjugés, d'inégalités et d'exclusion, souvent renforcés par des structures sociales et économiques qui privilégient certains récits au détriment d'autres. Pour que la pluralité soit une force de cohésion et non de fragmentation, il est essentiel que les politiques publiques, les initiatives éducatives et les productions culturelles s'efforcent activement de démanteler les stéréotypes et de construire une société où toutes les voix ont leur place. La pluralité culturelle ne doit pas être simplement tolérée, mais célébrée et encouragée comme un pilier de la coexistence harmonieuse et du développement durable.

Enfin, l'unité dans la pluralité nous rappelle que, malgré nos différences, nous partageons une essence commune : la capacité de créer, d'évoluer et de nous connecter les uns aux autres. Lorsque nous apprenons à voir dans la diversité une opportunité d'enrichissement mutuel, nous élargissons notre compréhension du monde et nous renforçons les liens qui nous unissent en tant qu'humanité. Le défi est permanent, mais la récompense est incommensurable : un avenir où toutes les cultures peuvent s'épanouir ensemble, en construisant une société plus juste, plus vibrante et plus résiliente.

Chapitre 20
Construire un monde inclusif

La quête de la justice sociale et de l'équité est l'un des fondements essentiels pour construire des sociétés plus harmonieuses, durables et prospères. Dans un monde marqué par des inégalités structurelles et des exclusions historiques, garantir que toutes les personnes aient accès à des opportunités et des droits égaux n'est pas seulement une question morale, mais aussi une condition essentielle au développement humain et social. L'équité va au-delà de la simple égalité formelle; elle reconnaît que différents groupes sont confrontés à des obstacles distincts et, par conséquent, exige la mise en œuvre de politiques et de pratiques qui corrigent ces disparités, en veillant à ce que chacun puisse atteindre son plein potentiel. La justice sociale, quant à elle, ne se limite pas à la distribution des ressources, mais implique la création de conditions permettant la participation active et digne de tous les citoyens à la vie économique, politique et culturelle. Ce n'est que lorsque ces principes sont intégrés aux structures institutionnelles et aux pratiques quotidiennes qu'il devient possible de construire des sociétés véritablement inclusives, où personne n'est laissé pour compte.

Pour que la justice sociale et l'équité soient effectivement promues, il est essentiel de s'attaquer aux inégalités dans toutes leurs dimensions - économique, sociale, raciale, de genre et environnementale. L'accès à une éducation de qualité, à la santé, à un travail décent et à un logement sont des droits fondamentaux qui doivent être garantis à tous, indépendamment de leur origine ou de leur condition socio-économique. Cependant, dans de nombreuses régions du monde, ces droits restent des privilèges réservés à certains groupes, perpétuant les cycles d'exclusion et de vulnérabilité. L'adoption de politiques d'action positive et de mécanismes de protection sociale est essentielle pour rompre avec ce schéma et créer un environnement où chaque individu a la possibilité de contribuer à la société de manière significative. De plus, la justice sociale doit également prendre en compte la relation entre l'être humain et l'environnement, en veillant à ce que les ressources naturelles soient préservées et distribuées de manière équitable, en respectant les besoins des générations futures. Ainsi, l'équité et la durabilité deviennent des concepts indissociables, car un monde socialement juste ne peut être construit que sur des bases écologiques solides.

La technologie et l'innovation jouent un rôle crucial dans la promotion de la justice sociale et de l'équité, à condition qu'elles soient utilisées de manière éthique et inclusive. Les outils numériques peuvent démocratiser l'accès à l'information, élargir les opportunités éducatives et faciliter la participation citoyenne aux processus politiques et sociaux.

Cependant, la révolution technologique peut également aggraver les inégalités si son accès est limité à certains groupes ou si elle est utilisée pour renforcer les systèmes de surveillance et de contrôle. Par conséquent, il est essentiel de garantir que l'innovation soit guidée par des valeurs de transparence, de responsabilité et d'inclusion, en promouvant des solutions qui bénéficient à l'ensemble de la société. Au-delà des politiques institutionnelles, le rôle de l'individu est également fondamental dans ce processus. De petites actions, comme soutenir des initiatives locales, lutter contre les préjugés, s'engager dans des projets communautaires et promouvoir la sensibilisation aux questions sociales, contribuent à la construction d'une culture d'équité et de respect. En comprenant la justice sociale comme un engagement collectif et continu, il est possible de transformer les structures existantes et de créer un avenir où la dignité et les droits de tous soient pleinement reconnus et protégés.

La justice sociale et l'équité reposent sur des principes essentiels qui guident la construction d'une société plus juste et inclusive. Le premier d'entre eux est l'égalité des chances, qui garantit que toutes les personnes, indépendamment de leur origine, de leur condition socio-économique, de leur race, de leur sexe ou de toute autre caractéristique, aient un accès sans restriction à une éducation de qualité, à des services de santé, à des opportunités d'emploi et à la participation politique. Ce principe reconnaît que, bien que les personnes soient différentes, aucune d'entre elles ne doit être empêchée d'atteindre son plein potentiel en raison d'obstacles structurels.

Un autre principe essentiel est le respect de la dignité humaine. Chaque individu a une valeur intrinsèque et doit être traité avec respect et considération, indépendamment de sa position sociale ou de sa condition. Cela implique la protection des droits humains fondamentaux et la lutte contre toute forme de discrimination, en veillant à ce que toutes les voix soient entendues et respectées dans la société.

L'inclusion et la participation sont également des piliers fondamentaux. Il ne suffit pas que les droits soient formellement garantis; il faut veiller à ce que chacun puisse exercer pleinement sa citoyenneté en participant activement à la vie sociale, économique et politique. Cela signifie créer des espaces accessibles, représentatifs et accueillants pour les groupes historiquement marginalisés, en veillant à ce que leur présence et leur contribution soient valorisées.

En outre, la justice sociale vise à réduire les inégalités sous toutes leurs formes - sociales, économiques et environnementales. Pour ce faire, il est nécessaire de mettre en place des politiques qui favorisent une redistribution équitable des ressources et des opportunités, en corrigeant les distorsions qui perpétuent l'exclusion et la vulnérabilité. Ce principe reconnaît que l'équité ne signifie pas traiter tout le monde de la même manière, mais plutôt offrir un soutien différencié pour garantir que chacun ait des conditions réelles de développement et de bien-être.

Enfin, la justice sociale doit être alignée sur la durabilité et l'équité intergénérationnelle. L'engagement envers un monde plus juste ne doit pas se limiter aux besoins du présent, mais doit également tenir compte de l'impact des actions sur les générations futures. Cela exige un développement durable qui respecte les limites environnementales, préserve les ressources naturelles et garantit que les générations futures héritent d'une planète habitable et équilibrée.

Cependant, la mise en œuvre de ces principes se heurte à des défis considérables. La discrimination, la pauvreté, l'exclusion sociale et l'inégalité d'accès aux ressources et aux opportunités sont des obstacles persistants qui s'interconnectent et se renforcent, perpétuant les cycles de marginalisation. La mondialisation et les changements technologiques rapides, s'ils ne sont pas accompagnés de politiques inclusives, peuvent accentuer encore davantage ces disparités, concentrant la richesse et le pouvoir entre les mains de quelques groupes et laissant les autres à la traîne.

Pour relever ces défis, il est nécessaire d'adopter une approche holistique, en tenant compte de l'interdépendance des systèmes sociaux, économiques et environnementaux. Cela signifie reconnaître que la justice sociale ne peut être atteinte isolément, mais nécessite l'articulation de diverses politiques et initiatives qui fonctionnent de manière intégrée et coordonnée.

Parmi les stratégies visant à promouvoir la justice sociale et l'équité, on peut citer les politiques d'inclusion et d'action positive. Ces mesures visent à corriger les inégalités structurelles, en garantissant que les groupes historiquement exclus aient accès aux opportunités et aux ressources. Il peut s'agir de quotas dans les universités et sur le marché du travail, de programmes de formation pour les populations vulnérables et d'incitations pour les petits entrepreneurs des communautés marginalisées. Ces actions offrent non seulement un soutien immédiat, mais contribuent également à la construction d'une société plus représentative et équitable.

L'éducation à la citoyenneté et aux droits humains est un autre outil puissant dans ce processus. En promouvant la connaissance des droits et des devoirs, en stimulant la pensée critique et en encourageant l'engagement civique, cette approche contribue à la formation de citoyens plus conscients et actifs dans la lutte pour une société plus juste. Les écoles, les universités et les organisations sociales jouent un rôle fondamental à cet égard, en offrant des espaces d'apprentissage et de réflexion sur des thèmes tels que la diversité, l'équité et la participation démocratique.

L'accès universel à la santé et à l'éducation est également essentiel pour réduire les inégalités et garantir la dignité de tous. Des systèmes publics forts et bien structurés permettent à l'ensemble de la population d'accéder à des services de qualité, indépendamment de ses revenus. Cela comprend l'expansion des hôpitaux et des centres de soins, la valorisation des professionnels de la santé et la mise en œuvre de programmes éducatifs qui garantissent un apprentissage significatif de l'enfance à l'âge adulte.

De plus, la promotion de l'emploi et du travail décent est l'un des piliers de la justice sociale. Cela implique non seulement la création d'emplois, mais aussi la garantie de conditions de travail décentes. Des salaires équitables, la sécurité sur le lieu de travail, le respect des droits du travail et les possibilités d'évolution professionnelle sont des facteurs essentiels pour garantir que chacun puisse mener une vie digne et productive.

Un autre aspect crucial est la protection sociale et la réduction de la pauvreté. Pour ce faire, il est essentiel de mettre en place des filets de sécurité sociale qui soutiennent les plus vulnérables en temps de crise. Les programmes de transfert de revenus, l'assurance-chômage, les retraites et l'accès aux services de base sont des mécanismes qui empêchent les individus et les familles de tomber dans l'extrême pauvreté, garantissant un minimum de dignité et de stabilité.

La technologie et l'innovation jouent également un rôle important dans la promotion de la justice sociale, à condition qu'elles soient utilisées de manière éthique et inclusive. Les outils numériques peuvent faciliter l'accès à l'information, élargir les opportunités éducatives et permettre de nouvelles formes de participation politique et sociale. Cependant, si l'accès à ces technologies est inégal ou si elles sont utilisées pour renforcer les mécanismes de surveillance et de contrôle, elles peuvent aggraver encore davantage les disparités existantes. C'est pourquoi il est essentiel que le développement technologique soit guidé par des principes de transparence, de responsabilité et d'inclusion.

La promotion de la justice sociale et de l'équité n'est cependant pas sans défis. La résistance au changement, le manque de ressources et la complexité des systèmes sociaux et économiques peuvent entraver la mise en œuvre de politiques efficaces. Pourtant, il existe également de nombreuses opportunités. La prise de conscience croissante de l'importance de l'équité est à l'origine de mouvements et d'initiatives mondiaux qui exigent des transformations structurelles. De plus, les nouvelles technologies et la mondialisation, lorsqu'elles sont bien orientées, peuvent ouvrir la voie à une plus grande collaboration et à un échange d'idées accru, facilitant ainsi la construction de sociétés plus justes et plus égalitaires.

Bien que les gouvernements, les entreprises et les organisations aient un rôle crucial à jouer dans ce processus, les individus peuvent également apporter une contribution significative. De petits gestes quotidiens peuvent avoir un impact cumulatif important sur la construction d'une culture plus inclusive. Soutenir les entreprises locales, participer à des initiatives communautaires, lutter contre les préjugés au quotidien et sensibiliser aux questions sociales sont des moyens accessibles et concrets de contribuer à un monde plus juste.

L'éducation et la sensibilisation sont quant à elles des outils fondamentaux pour une transformation culturelle durable. Lorsque les gens adoptent des valeurs et des pratiques qui favorisent l'inclusion, le respect et la solidarité, ils créent un environnement propice au changement structurel. La justice sociale et l'équité ne sont pas seulement des objectifs à atteindre, mais des engagements continus qui exigent une participation active et un engagement collectif. Ce n'est qu'ainsi qu'il sera possible de construire un avenir où chacun aura des chances égales et sera traité avec dignité et respect.

La construction d'un monde véritablement inclusif exige un effort collectif et constant, qui va au-delà des bonnes intentions et des discours. Il est nécessaire de transformer les structures sociales, économiques et politiques afin de garantir que chacun, quelle que soit son origine, ait accès aux mêmes opportunités. Cela implique aussi bien la mise en œuvre de politiques publiques efficaces que des changements culturels profonds qui encouragent l'empathie et la reconnaissance de la dignité humaine. L'inclusion ne signifie pas seulement ouvrir des espaces, mais aussi garantir que toutes les voix soient entendues, respectées et valorisées.

Cependant, l'inclusion ne sera pleinement atteinte que si elle s'accompagne d'un engagement continu en faveur de l'équité et de la justice sociale. Cela signifie lutter contre les inégalités systémiques, corriger les disparités historiques et veiller à ce que les progrès soient durables dans le temps. L'innovation et la technologie, lorsqu'elles sont utilisées de manière responsable, peuvent être des alliées puissantes dans ce processus, en élargissant l'accès aux ressources essentielles et en promouvant de nouvelles formes d'engagement social. Mais aucun outil ne remplacera la nécessité d'un véritable effort humain pour transformer les sociétés de l'intérieur.

L'avenir d'un monde inclusif dépend des choix faits aujourd'hui. Chaque action qui favorise le respect, l'empathie et la coopération renforce les bases d'une société plus juste et plus équilibrée. La diversité et l'équité ne sont pas seulement des idéaux abstraits, mais des fondements essentiels au progrès durable et collectif. En reconnaissant l'importance de l'inclusion dans toutes les sphères de la vie, nous faisons un pas essentiel vers la construction d'un monde où chacun peut vivre dans la dignité, avec des opportunités et un sentiment d'appartenance.

Chapitre 21
Utopies et Dystopies Holistiques

Les conceptions du futur reflètent à la fois nos aspirations les plus profondes et nos craintes les plus sombres. Depuis l'aube de la civilisation, l'humanité projette des mondes idéaux où règnent la justice, la prospérité et l'équilibre, tout en s'inquiétant de scénarios d'effondrement où l'inégalité, la dégradation environnementale et l'oppression prédominent. La vision holistique émerge comme une approche essentielle pour façonner ces projections, offrant une voie intégrative qui reconnaît l'interdépendance entre la société, l'environnement et la technologie. En comprenant la complexité des systèmes naturels et humains, la pensée holistique permet d'élaborer des stratégies qui harmonisent innovation et tradition, progrès et préservation, en recherchant un équilibre durable pour les générations futures. Ainsi, il devient possible de construire des sociétés qui valorisent le bien-être collectif, la justice sociale et la préservation des écosystèmes, en minimisant les risques inhérents aux modèles dystopiques et en maximisant le potentiel transformateur des utopies.

La perspective holistique, contrairement aux approches fragmentées, propose une vision élargie du futur, dans laquelle tous les aspects de l'existence humaine sont interconnectés. Au lieu de simplement imaginer des sociétés technologiquement avancées ou des communautés écologiquement durables isolément, cette approche met l'accent sur la nécessité d'intégrer l'innovation scientifique, la sagesse ancestrale et des pratiques sociales équitables. Cela implique de repenser les structures économiques, les modèles éducatifs et les formes d'organisation politique, de manière à promouvoir à la fois le développement individuel et le bien-être collectif. La technologie, par exemple, peut être un puissant allié dans la construction d'un avenir durable, à condition qu'elle soit utilisée de manière éthique et responsable, en évitant son instrumentalisation pour le contrôle social ou l'exploitation effrénée des ressources. De même, le renforcement des valeurs communautaires et la reconnexion avec la nature sont essentiels pour atténuer les impacts négatifs de la modernité et favoriser un monde plus harmonieux et résilient.

En projetant des scénarios futurs à partir de cette perspective intégrative, il devient évident que la construction d'une utopie holistique ne dépend pas seulement des avancées technologiques ou des politiques publiques innovantes, mais aussi d'une transformation profonde de la façon dont nous percevons et nous nous connectons au monde. Cela nécessite un éveil collectif à l'importance de l'empathie, de la coopération et de la responsabilité partagée, en reconnaissant que chaque choix individuel influence l'équilibre de l'ensemble. Si les dystopies émergent de la déconnexion entre les éléments fondamentaux de la vie - qu'ils soient sociaux, environnementaux ou spirituels -, alors la solution pour les éviter réside précisément dans la valorisation de l'interdépendance et l'engagement envers un avenir plus juste et durable. De cette manière, au lieu de craindre ce qui est à venir, il est possible d'adopter une posture active dans la construction d'un avenir qui reflète les principes d'harmonie, d'équité et de prospérité partagée.

    Le concept de futur a toujours oscillé entre les aspirations utopiques et les craintes dystopiques, reflétant les espoirs et les appréhensions de l'humanité. La vision holistique apparaît comme une approche essentielle pour façonner ces projections, en cherchant à intégrer la société, l'environnement et la technologie dans un équilibre durable. Cette perspective ne se limite pas aux avancées technologiques ou aux politiques publiques innovantes, mais propose une transformation profonde de la façon dont nous percevons et nous nous connectons au monde. Ainsi, il est nécessaire de reconnaître l'interdépendance des systèmes et d'adopter un engagement actif envers un avenir qui valorise l'harmonie, l'équité et la prospérité partagée.

    L'utopie holistique, en tant qu'expression ultime de cet idéal, présente un scénario où le bien-être humain, la durabilité environnementale et la justice sociale coexistent en équilibre. Cet avenir idéalisé est construit sur des piliers fondamentaux qui garantissent l'intégrité des systèmes naturels et sociaux, favorisant une coexistence harmonieuse et durable. Le premier de ces piliers est la durabilité écologique, où la société opère en synergie avec la nature. Les ressources sont utilisées de manière régénérative, garantissant que les générations futures n'héritent pas d'un monde dégradé. Les villes sont conçues pour être des espaces verts, résilients et efficaces, avec des systèmes énergétiques basés sur des sources renouvelables et des transports publics accessibles et écologiques. L'architecture bioclimatique, le reboisement urbain et l'agriculture régénérative deviennent des pratiques essentielles, permettant aux environnements urbains de s'intégrer organiquement aux écosystèmes.

Un autre aspect fondamental de l'utopie holistique est la justice sociale et l'équité, garantissant que tous les individus aient accès aux ressources essentielles pour une vie digne. L'éducation est universelle et inclusive, promouvant non seulement les connaissances techniques, mais aussi l'intelligence émotionnelle et l'éthique. La santé est traitée de manière intégrale, en tenant compte non seulement des aspects physiques, mais aussi des aspects mentaux et spirituels. L'économie est structurée de manière coopérative, réduisant les inégalités et renforçant les communautés locales. Des modèles de revenu de base universel, d'économie solidaire et de monnaies sociales complémentaires sont adoptés pour garantir que personne ne soit laissé pour compte.

De plus, le bien-être intégral est un principe central de cette société idéalisée. La médecine holistique, combinée à la science moderne, propose des traitements qui considèrent l'être humain dans sa globalité, en équilibrant le corps et l'esprit. Des pratiques telles que la méditation, le yoga et les thérapies naturelles sont intégrées au quotidien, renforçant la connexion entre les individus et favorisant une vie plus harmonieuse. L'équilibre émotionnel est valorisé autant que la santé physique, garantissant que les relations interpersonnelles soient fondées sur le respect et l'empathie.

La technologie joue un rôle crucial, mais elle est développée et appliquée de manière responsable. L'intelligence artificielle, la robotique et la biotechnologie sont orientées vers la résolution des défis mondiaux, tels que la lutte contre la faim, la guérison des maladies et l'atténuation du changement climatique. Au lieu de favoriser les inégalités ou d'être utilisée comme un outil de contrôle, la technologie sert le bien commun, étant réglementée par des principes éthiques rigoureux et la participation populaire.

La culture et la diversité sont célébrées dans cette utopie, car la valorisation des différentes traditions et formes d'expression renforce l'identité collective et promeut un monde plus inclusif. L'échange de connaissances entre les cultures et la préservation des savoirs ancestraux sont encouragés, créant une société qui honore son passé tout en construisant un avenir innovant.

D'un autre côté, la dystopie holistique représente l'effondrement de ces principes, résultant en un monde d'inégalité, de dégradation environnementale et de déconnexion. Dans ce scénario, l'exploitation effrénée des ressources naturelles conduit à la destruction des écosystèmes, rendant la planète un environnement hostile à la vie. La pollution incontrôlée, la pénurie d'eau et de nourriture et la disparition des espèces créent un environnement insoutenable, où le changement climatique devient incontrôlable et les catastrophes naturelles deviennent constantes.

L'inégalité sociale atteint des niveaux extrêmes, avec une petite élite monopolisant la richesse et les ressources, tandis que la majorité de la population vit dans des conditions précaires. Les droits de l'homme sont ignorés et la justice sociale devient inexistante. Des systèmes de gouvernement autoritaires et répressifs émergent, exacerbant la souffrance collective. La technologie, au lieu d'être libératrice, devient un instrument de surveillance et de manipulation, éliminant la vie privée et le libre arbitre. L'intelligence artificielle est utilisée pour le contrôle de la population, renforçant la concentration du pouvoir et l'exploitation de la classe ouvrière, qui se voit remplacée par des systèmes automatisés sans aucune protection.

La fragmentation sociale s'intensifie dans cette réalité dystopique. L'isolement émotionnel et le manque d'empathie minent les fondements de la coexistence humaine, conduisant à des conflits généralisés. Les liens communautaires sont affaiblis et les gens deviennent de plus en plus aliénés, piégés dans des bulles d'information contrôlées par des algorithmes qui renforcent les divisions et les intolérances. Le sens du but et de l'appartenance se dissout, faisant de l'existence une quête incessante de plaisirs éphémères et de consommation incontrôlée.

Face à ces possibilités extrêmes, la pensée holistique apparaît comme un outil essentiel pour la construction d'un avenir équilibré. Elle permet de comprendre les interconnexions entre les systèmes humains et naturels, facilitant l'identification de voies qui évitent les scénarios dystopiques et favorisent les visions utopiques. La vision systémique permet d'anticiper les impacts et de créer des solutions intégrées, tandis que la prévention et la résilience deviennent des stratégies fondamentales pour faire face aux défis futurs. La collaboration et le dialogue entre différents secteurs et cultures renforcent l'idée que le progrès doit être collectif, garantissant que les innovations technologiques soient menées de manière éthique et responsable.

L'éducation joue un rôle central dans ce processus, car la sensibilisation à l'interdépendance des systèmes favorise l'adoption de pratiques plus durables et justes. Des modèles éducatifs axés sur le développement intégral de l'être humain permettent aux nouvelles générations de faire face à des défis complexes avec créativité et empathie, façonnant des citoyens conscients de leur rôle dans la société et l'environnement.

Malgré les défis inhérents à la construction de cet avenir souhaitable - tels que la résistance au changement, la rareté des ressources et la complexité des systèmes mondiaux - il existe des opportunités significatives. La prise de conscience collective croissante de l'importance de la durabilité et de la justice sociale stimule la recherche d'approches plus holistiques et intégrées. La technologie et la mondialisation, lorsqu'elles sont utilisées à bon escient, facilitent la diffusion d'idées innovantes et renforcent les réseaux de collaboration qui peuvent accélérer cette transformation.

L'avenir, après tout, n'est pas une destination prédéterminée, mais une construction continue basée sur les choix et les actions de l'humanité. En adoptant une perspective holistique, nous pouvons orienter ces choix consciemment, en promouvant des sociétés qui équilibrent l'innovation et la tradition, le développement et la préservation, l'individualité et la collectivité. De cette façon, au lieu de craindre les défis de demain, nous pouvons jouer un rôle actif dans la création d'un monde qui reflète les principes d'harmonie, d'équité et de prospérité partagée.

La concrétisation d'un avenir basé sur l'utopie holistique exige donc un engagement collectif et un changement profond dans la manière dont nous structurons nos relations sociales, économiques et environnementales. Ce processus ne se produit pas de manière abrupte ou uniforme, mais par le biais de petites transformations progressives, impulsées par des initiatives locales et mondiales qui démontrent, en pratique, la viabilité de ce modèle. Des projets de villes durables, des systèmes économiques basés sur la coopération et des politiques éducatives axées sur la formation intégrale de l'être humain sont des exemples de la manière dont cet avenir peut commencer à se matérialiser. La transition exige de la résilience et de l'adaptation, mais l'engagement envers cette construction ouvre la voie à une civilisation plus consciente de son rôle dans l'équilibre planétaire.

Malgré tout, les défis inhérents à la mise en œuvre de cette vision ne peuvent être sous-estimés. Le conflit entre les intérêts politiques et économiques, la résistance aux changements culturels et la complexité des crises environnementales exigent des solutions dynamiques et adaptables. L'approche holistique ne recherche pas de réponses uniques ou immuables, mais plutôt la capacité de voir au-delà de l'immédiat, en conciliant progrès et durabilité de manière flexible et innovante. Pour éviter que les dystopies ne deviennent des réalités irréversibles, il est essentiel de cultiver une mentalité à long terme qui privilégie le bien commun et encourage la coopération mondiale. L'engagement envers cet idéal n'est pas seulement une question de survie, mais un témoignage de la capacité humaine à évoluer et à réinventer son propre destin.

Ainsi, le choix entre utopies et dystopies holistiques n'est pas un simple exercice de spéculation futuriste, mais une responsabilité partagée, dont les implications dépendent des décisions prises dans le présent. L'avenir est façonné non seulement par les grandes avancées scientifiques ou les changements structurels, mais par le quotidien de chaque individu qui, en reconnaissant son interconnexion avec le tout, commence à agir de manière plus consciente et éthique. C'est dans cet espace entre l'action et la vision que se trouve le véritable potentiel transformateur de l'humanité, capable de construire un avenir où l'harmonie, la justice et la durabilité sont plus que des idéaux, mais les fondements d'une nouvelle réalité.

Chapitre 22
Convergeant vers une Nouvelle Réalité

La compréhension de la réalité a toujours été au cœur du voyage humain, propulsée tant par la recherche scientifique que par l'expérience spirituelle. La science, avec sa méthode empirique et rationnelle, a dévoilé les mécanismes de l'univers matériel, permettant des avancées extraordinaires dans la technologie, la médecine et la compréhension de la nature. Parallèlement, la spiritualité a offert un sens plus profond à l'existence, explorant les dimensions subjectives et transcendantes de la vie. Bien que souvent perçues comme opposées, ces deux approches ne doivent pas nécessairement s'exclure. Au contraire, elles peuvent converger pour former une vision plus large et intégrée du monde, dans laquelle la connaissance rationnelle et la sagesse intuitive se complètent. La quête de la compréhension ultime de la réalité exige non seulement des explications sur le fonctionnement de l'univers, mais aussi des réflexions sur le sens et le but de l'existence humaine dans ce vaste décor cosmique.

Cette convergence entre science et spiritualité devient de plus en plus évidente à mesure que de nouvelles découvertes remettent en question les paradigmes établis. En physique quantique, par exemple, des phénomènes tels que la non-localité et l'intrication suggèrent que l'interconnectivité de l'univers va au-delà de ce que la logique classique peut expliquer. De même, des études en neurosciences démontrent que les pratiques spirituelles, comme la méditation et la contemplation, provoquent des changements significatifs dans la structure et l'activité du cerveau, améliorant la santé mentale et émotionnelle. L'écologie, à son tour, renforce l'idée que toutes les formes de vie sont interconnectées, faisant écho aux anciennes traditions spirituelles qui considèrent la Terre comme un organisme vivant et sacré. Ces avancées non seulement valident d'anciennes perspectives spirituelles, mais élargissent également la notion même de réalité dans le champ scientifique, révélant une complexité qui transcende les limites de la matière et de l'observation directe.

En intégrant la science et la spiritualité, on ouvre la voie à une compréhension plus complète et harmonieuse de l'univers et de la place de l'être humain en son sein. Ce dialogue ne signifie pas remplacer un domaine par l'autre, mais plutôt reconnaître que tous deux offrent des contributions précieuses. La science fournit des outils pour comprendre les phénomènes naturels, développer des technologies et améliorer la qualité de vie, tandis que la spiritualité aide à la construction de valeurs, à la recherche d'un but et à la cultivation d'un sentiment d'appartenance au cosmos. Cette synthèse permet non seulement des avancées intellectuelles et technologiques, mais aussi un développement plus équilibré de l'humanité, favorisant un avenir où la connaissance et la sagesse vont de pair.

La séparation entre science et spiritualité a des racines profondes dans l'histoire occidentale, en particulier pendant les Lumières, période où la raison et l'empirisme ont été consacrés comme les piliers fondamentaux de la connaissance. À cette époque, la recherche de la vérité s'est orientée presque exclusivement vers la méthode scientifique, qui s'est imposée comme la voie légitime pour comprendre la réalité. L'avancée rapide de la science et de la technologie a apporté des conquêtes indéniables, mais, dans ce processus, les aspects subjectifs et métaphysiques de l'existence ont été mis de côté, souvent considérés comme de simples croyances irrationnelles ou superstitieuses. Le matérialisme et le réductionnisme sont devenus dominants, reléguant la spiritualité à un plan inférieur, comme si elle était incompatible avec la connaissance légitime.

Cependant, cette vision fragmentée du monde n'est pas universelle. Dans diverses cultures et traditions philosophiques, la science et la spiritualité n'ont jamais été antagonistes. Dans le bouddhisme, par exemple, l'investigation de l'esprit et de la réalité est menée tant par l'expérience méditative que par l'observation rationnelle. Le taoïsme, quant à lui, comprend la nature comme un flux dynamique et interconnecté, ce que la physique moderne commence à reconnaître. Les philosophies indigènes ont également toujours perçu le cosmos comme un grand organisme vivant, dans lequel chaque être a une connexion essentielle avec le tout.

Dans ces systèmes de pensée, la raison et l'intuition coexistent, et la recherche de la connaissance est globale, contemplant à la fois le tangible et l'intangible.

Au cours des derniers siècles, cependant, la barrière entre la spiritualité et la science a été progressivement remise en question, à mesure que de nouvelles découvertes scientifiques révèlent des aspects de la réalité qui dialoguent avec des concepts défendus depuis longtemps par les traditions spirituelles. La physique quantique, par exemple, démontre que l'univers n'est pas composé d'entités séparées et indépendantes, mais plutôt d'un réseau de relations dynamiques. Le phénomène de l'intrication quantique indique que des particules distantes peuvent être mystérieusement connectées, s'influençant mutuellement de manière instantanée, ce qui défie la vision mécaniste traditionnelle. Ce principe résonne avec des idées spirituelles ancestrales, qui ont toujours soutenu que la séparation entre les êtres est une illusion et que toute l'existence est interconnectée par des forces invisibles.

La neuroscience, à son tour, a exploré les effets des pratiques spirituelles sur le cerveau et découvert des preuves concrètes que la méditation, la prière et autres techniques contemplatives favorisent des changements structurels et fonctionnels significatifs. Des études montrent que ces pratiques augmentent l'activité des zones cérébrales associées à l'empathie, au bien-être et à la régulation émotionnelle, tout en réduisant les effets du stress et de l'anxiété. Cela suggère que la spiritualité n'est pas seulement une construction subjective ou culturelle, mais quelque chose qui a un impact mesurable sur la biologie humaine, renforçant l'idée que l'esprit et le corps ne sont pas des entités séparées, mais des parties d'un système intégré.

L'écologie moderne corrobore également les visions spirituelles anciennes sur la relation entre les êtres humains et la nature. Des recherches démontrent que les écosystèmes fonctionnent comme des réseaux interdépendants, où l'équilibre de chaque élément est essentiel au maintien de la vie. Cette perspective rappelle la révérence pour la nature présente dans diverses traditions spirituelles, qui la perçoivent non pas comme un ensemble de ressources à exploiter, mais comme une entité vivante et sacrée. Le concept de Gaïa, qui voit la Terre comme un organisme autorégulé, trouve des parallèles dans les croyances indigènes, qui ont toujours reconnu l'interdépendance de toutes les formes de vie.

Face à cette convergence croissante entre science et spiritualité, une nouvelle approche pour comprendre la réalité émerge, qui ne cherche pas à substituer un domaine à l'autre, mais plutôt à les intégrer de manière complémentaire. La science offre des méthodes rigoureuses pour étudier les phénomènes naturels et développer des technologies, tandis que la spiritualité apporte une perspective plus large sur le sens et le but de l'existence. Cette synthèse peut apporter des bénéfices significatifs, permettant aux avancées scientifiques d'être guidées par des principes éthiques et à la spiritualité de s'appuyer sur des preuves concrètes, renforçant sa pertinence dans le monde contemporain.

La spiritualité peut contribuer à la science de diverses manières. Premièrement, en offrant un sens et un but, elle peut aider à contextualiser les découvertes scientifiques dans une vision plus globale de l'existence. La science explique comment les choses fonctionnent, mais souvent ne traite pas de la raison pour laquelle elles existent ou de leur rôle dans un contexte plus large. Cette lacune peut être comblée par la spiritualité, qui invite à la réflexion sur la valeur et la finalité de la vie.

De plus, la spiritualité peut servir de guide éthique à la pratique scientifique. Le progrès technologique a apporté d'énormes avantages, mais aussi des défis éthiques complexes, tels que les dilemmes de l'ingénierie génétique, de l'intelligence artificielle et de l'exploitation des ressources naturelles. La spiritualité, en mettant l'accent sur des valeurs telles que la compassion, la responsabilité et le respect de la vie, peut offrir une boussole morale pour guider l'utilisation des connaissances scientifiques de manière responsable et bénéfique pour l'humanité.

La science, à son tour, peut enrichir la spiritualité en fournissant une base empirique aux pratiques et aux croyances qui étaient autrefois considérées comme purement subjectives. Des études sur les effets de la méditation, de la pleine conscience et de la prière démontrent que ces pratiques apportent des bénéfices concrets à la santé physique et mentale, encourageant leur intégration dans des contextes cliniques et thérapeutiques. De plus, les recherches sur la conscience soulèvent des questions fascinantes sur la nature du « moi » et sa relation avec l'univers, ouvrant la voie à de nouvelles interprétations de thèmes tels que la continuité de la conscience après la mort, l'interconnectivité de l'esprit et même les phénomènes mystiques.

La science a également le pouvoir d'éveiller un profond sentiment de révérence pour l'univers. L'immensité du cosmos, la complexité des organismes vivants et l'élégance des lois naturelles sont des sources d'admiration et d'émerveillement, ce que de nombreuses traditions spirituelles ont toujours souligné. En ce sens, la science peut inspirer une spiritualité fondée sur l'émerveillement et la contemplation de la beauté et du mystère de l'existence.

Cependant, cette convergence entre science et spiritualité se heurte encore à des défis. De nombreux scientifiques restent sceptiques quant à toute notion qui semble transcender les limites du matérialisme, tandis que certains secteurs religieux peuvent résister à l'intégration de concepts scientifiques qui contredisent les interprétations traditionnelles. La réconciliation de ces perspectives exige un dialogue ouvert, fondé sur le respect mutuel et la volonté d'explorer des territoires inconnus sans préjugés.

D'un autre côté, les opportunités de cette rencontre sont immenses. Le monde est de plus en plus interconnecté, et l'échange d'idées entre différentes cultures et disciplines n'a jamais été aussi accessible. Cet échange permet l'émergence d'approches plus holistiques, qui combinent la rigueur analytique de la science avec la profondeur intuitive de la spiritualité. À mesure que l'humanité progresse, l'intégration de ces domaines peut nous conduire à une compréhension plus complète de la réalité, favorisant un équilibre entre raison et intuition, entre connaissance et sagesse.

En unissant ces deux grandes forces de la pensée humaine, nous pouvons progresser vers une vision plus intégrée de l'univers et de notre place en lui. Cette synthèse non seulement élargit les horizons de la science et de la spiritualité, mais nous inspire également à rechercher un avenir plus harmonieux, où la connaissance est utilisée avec responsabilité et la sagesse est cultivée comme un pilier essentiel de la vie.

La convergence entre science et spiritualité, bien qu'elle rencontre encore des résistances, pointe vers un nouveau paradigme dans lequel les deux se renforcent mutuellement. À mesure que la science élargit ses horizons et remet en question des frontières autrefois considérées comme infranchissables, il devient évident qu'il y a plus de couches dans la réalité que ne le supposait le matérialisme classique. De même, la spiritualité trouve un espace renouvelé pour s'exprimer sans avoir à s'opposer à la pensée rationnelle, mais en dialoguant avec elle de manière enrichissante. Cette complémentarité permet à l'être humain non seulement de mieux comprendre le monde qui l'entoure, mais aussi d'approfondir sa relation avec lui, cultivant une existence plus consciente et équilibrée.

Cette intégration ne signifie pas la disparition des distinctions entre les deux domaines, mais plutôt la reconnaissance que tous deux offrent des perspectives essentielles à la construction d'une vision plus large et significative de la réalité. La science, en révélant la complexité et l'interconnectivité de l'univers, renforce les intuitions spirituelles sur l'unité de l'existence, tandis que la spiritualité peut offrir à la science une dimension éthique et philosophique qui l'oriente vers une utilisation plus responsable de ses avancées. Cette rencontre non seulement élargit la connaissance humaine, mais transforme également la manière dont nous nous rapportons à la connaissance elle-même, la rendant plus inclusive, profonde et alignée sur les défis de notre époque.

Ainsi, au lieu d'une opposition irréconciliable, la convergence entre science et spiritualité peut représenter l'un des plus importants sauts évolutifs de l'humanité. L'avenir qui se dessine à partir de cette synthèse est un avenir où la pensée rationnelle et l'intuition vont de pair, permettant à l'être humain d'explorer non seulement les mystères de l'univers physique, mais aussi ceux de la conscience et de l'existence. Sur cette voie, s'ouvre la possibilité d'une nouvelle compréhension, où connaissance et sagesse s'unissent pour façonner une réalité plus intégrée, pleine et inspirante.

Chapitre 23
Transformation Globale

La transformation globale ne se produit pas de manière isolée ou spontanée; elle est le fruit d'un processus continu de changements qui impliquent à la fois les grandes structures sociales et les actions individuelles. Dans un monde interconnecté, où des défis tels que la crise climatique, les inégalités sociales et les progrès technologiques façonnent la société, chaque personne joue un rôle fondamental dans la construction d'un avenir plus équilibré et durable. L'impact des choix individuels peut sembler faible à première vue, mais lorsqu'il est additionné aux décisions de millions de personnes, il devient une force puissante capable de redéfinir les paradigmes et de conduire à des changements significatifs. La transformation commence au niveau personnel et s'étend au collectif, influençant les systèmes politiques, économiques et environnementaux. Ainsi, chaque action consciente - de l'adoption de modes de vie plus durables à l'engagement dans des causes sociales - contribue à un mouvement plus large, où la somme des intentions individuelles se traduit par des impacts concrets sur la réalité globale.

Cette transformation nécessite une nouvelle mentalité, fondée sur des valeurs telles que l'empathie, la collaboration et le respect de la diversité. Le modèle compétitif qui a prédominé pendant des siècles, mettant l'accent sur l'individualisme et l'exploitation des ressources sans tenir compte des impacts à long terme, doit céder la place à une vision plus intégrative et coopérative. La valorisation de l'éducation, de la pensée critique et de la responsabilité sociale sont des piliers essentiels de ce changement. L'accès à la connaissance permet aux gens de comprendre les défis du monde et de prendre des décisions éclairées, que ce soit en matière de consommation consciente, de participation politique ou d'innovation dans leurs domaines d'activité. De plus, la technologie et la connectivité numérique offrent des opportunités sans précédent pour la mobilisation et l'échange d'idées, permettant le développement de solutions innovantes de manière collaborative et globalisée.

Cependant, pour que cette transformation soit effective, il est essentiel de surmonter les résistances et les défis qui se présentent en cours de route. Les changements structurels se heurtent souvent à l'opposition d'intérêts établis, et les habitudes ancrées peuvent entraver l'adoption de nouvelles pratiques. Pourtant, l'histoire montre que les sociétés évoluent et s'adaptent à mesure que de nouveaux besoins et valeurs émergent. La force de la transformation globale réside dans la capacité humaine à se réinventer, à apprendre et à agir collectivement pour un objectif plus grand. Chaque individu qui choisit d'agir avec conscience et responsabilité devient un maillon de cette chaîne de changement, contribuant à un avenir plus équilibré et durable pour les générations futures.

L'individu est l'unité de base de la société et, en tant que tel, il détient le pouvoir d'influencer son environnement de manière significative. De petits changements dans le comportement personnel peuvent générer un impact cumulatif important, notamment lorsqu'ils sont adoptés par des millions de personnes à travers le monde. La transformation commence par la prise de conscience, qui permet à l'individu de comprendre les défis mondiaux et de reconnaître sa capacité à contribuer au changement. S'informer sur des questions telles que le changement climatique, les inégalités sociales et la conservation de la biodiversité est une première étape essentielle. Cette éducation ne doit pas être passive; elle doit impliquer des discussions, des questionnements et le partage des connaissances, élargissant ainsi le réseau d'impact.

Au quotidien, de petites actions peuvent faire une grande différence. La réduction de la consommation excessive, le choix de produits durables et le soutien aux entreprises locales sont quelques-unes des façons de minimiser l'impact environnemental et de renforcer des économies plus justes. Le recyclage et le compostage des déchets évitent l'accumulation de déchets et contribuent à préserver les ressources naturelles. Opter pour des modes de transport durables, tels que le vélo, les transports en commun ou les véhicules électriques, réduit considérablement les émissions de gaz polluants. En matière d'alimentation, une alimentation plus durable, basée sur une consommation consciente et la valorisation des produits biologiques, contribue à la fois à la santé personnelle et à la préservation de l'environnement.

L'engagement civique joue également un rôle fondamental dans ce processus. Participer activement à la vie politique et sociale, voter de manière consciente, signer des pétitions, assister à des manifestations pacifiques et soutenir des politiques publiques axées sur la justice sociale et environnementale sont autant de façons d'exercer sa citoyenneté. Le changement structurel ne se produit pas seulement au niveau individuel, mais aussi par le biais de pressions collectives qui amènent les gouvernements et les entreprises à adopter des pratiques plus responsables.

De plus, le bénévolat et l'action sociale sont des moyens puissants de contribuer directement à la transformation. S'engager dans des projets communautaires, travailler avec des organisations non gouvernementales et soutenir des initiatives locales renforcent les liens sociaux et ont des impacts positifs sur les communautés vulnérables. Les dons, le mentorat et les programmes d'aide sociale contribuent à réduire les inégalités et à élargir les opportunités pour ceux qui en ont le plus besoin.

La créativité et l'innovation jouent également un rôle crucial dans la construction d'un avenir plus durable. Chaque individu, dans le cadre de ses compétences et de ses talents, peut développer des solutions innovantes aux défis mondiaux. Les entrepreneurs peuvent créer des entreprises socialement responsables, les scientifiques peuvent développer de nouvelles technologies durables et les artistes peuvent utiliser leur art pour inspirer le changement et sensibiliser la société. Le potentiel créatif humain est un outil puissant pour résoudre les problèmes de manière innovante et efficace.

Les valeurs et la spiritualité ont également un rôle essentiel à jouer dans ce voyage. La compassion et l'empathie permettent aux gens de se connecter aux difficultés des autres et d'agir avec solidarité, favorisant la justice et l'inclusion. Le respect de la nature renforce la conscience environnementale, encourageant les pratiques qui régénèrent les écosystèmes et préservent la biodiversité. La recherche d'un but dans la vie aligné sur le bien commun motive des actions visant à un impact positif durable.

Malgré les défis inhérents à la transformation globale, tels que la résistance au changement, le manque de ressources et la complexité des systèmes sociaux, il existe de plus en plus d'opportunités pour que les individus contribuent activement. Les progrès technologiques et la mondialisation ont facilité la connexion entre des personnes de différentes parties du monde, créant des réseaux de soutien et de collaboration qui amplifient l'impact des actions individuelles. Les mouvements sociaux, les initiatives numériques et les campagnes de sensibilisation montrent comment la mobilisation collective peut générer des changements significatifs.

Cependant, aucune transformation ne se produit de manière isolée. La communauté joue un rôle essentiel en tant qu'espace de multiplication des actions individuelles en impacts collectifs. Les réseaux de soutien, tels que les coopératives et les banques communautaires, renforcent l'économie locale et favorisent une consommation plus juste et durable. L'adoption de pratiques communautaires durables, telles que les jardins urbains, les énergies renouvelables et les programmes de recyclage, contribue à bâtir des villes plus résilientes et préparées aux défis futurs.

La participation active de la communauté à la politique et à la prise de décision est essentielle pour renforcer la démocratie participative. Les assemblées populaires, les budgets participatifs et les débats communautaires garantissent que différentes voix soient entendues et que les politiques publiques reflètent les besoins réels de la population.

La transformation globale est un processus collectif qui commence par l'action de chaque individu. En intégrant la prise de conscience, les changements quotidiens, l'engagement civique et les valeurs éthiques, chaque personne contribue à un avenir plus juste, durable et harmonieux. La responsabilité incombe à tous, mais c'est aussi une occasion unique de créer un monde meilleur pour les générations futures.

La véritable transformation globale ne se limite pas aux changements structurels et politiques, mais implique une révolution de la conscience collective. La façon dont nous percevons le monde, les autres et nous-mêmes définit les directions que nous prenons en tant que société. L'avenir ne sera pas façonné uniquement par des technologies innovantes ou de grandes réformes, mais par la capacité humaine à cultiver l'empathie, la coopération et un sens profond de la responsabilité envers la planète et ses habitants. Lorsque la compréhension de l'interdépendance devient partie intégrante de la mentalité globale, chaque action cesse d'être isolée et s'intègre à un mouvement continu de régénération et d'équilibre.

Ce processus exige de la patience et de la persévérance, car les véritables transformations se produisent rarement de manière immédiate. Chaque progrès se heurte à des défis, chaque nouveau paradigme rencontre des résistances, mais l'histoire montre qu'avec le temps, les idées progressistes et durables se consolident et transforment des sociétés entières. Ce qui peut sembler aujourd'hui un petit changement de mentalité peut, à l'avenir, devenir la base d'un nouveau modèle de monde. L'engagement envers ce voyage ne doit pas reposer uniquement sur des attentes de résultats immédiats, mais sur la conviction que chaque pas dans la bonne direction est déjà, en soi, une victoire.

La transformation globale n'est donc pas un événement isolé, mais un processus continu, alimenté par la somme de petites et grandes actions au fil du temps. Chaque choix conscient, chaque innovation durable, chaque acte de solidarité contribue à un monde plus juste et équilibré. Si l'avenir de l'humanité est incertain, il nous appartient de décider comment nous voulons le construire : avec peur et inertie, ou avec courage et détermination. En fin de compte, le changement que nous recherchons pour le monde commence en chacun de nous.

Chapitre 24
La Quête du Sens de la Vie

La quête du sens de la vie est un voyage intrinsèque à l'expérience humaine, imprégnant toutes les cultures, époques et contextes historiques. Des philosophes de l'Antiquité aux scientifiques modernes, cette question a été examinée sous différents angles, révélant que le sens de l'existence n'est pas une réponse unique et universelle, mais une construction personnelle et dynamique. Pour certains, le sens de la vie réside dans la réalisation d'aspirations et de conquêtes ; pour d'autres, dans la connexion avec quelque chose de plus grand, que ce soit par le biais de la spiritualité, de l'art ou des relations humaines. Cependant, quelle que soit l'approche adoptée, le but et le sens émergent lorsqu'il y a une intégration harmonieuse entre les dimensions physique, mentale, émotionnelle et spirituelle de l'existence. En considérant cette quête de manière holistique, on se rend compte que le sens n'est pas isolé dans un seul aspect de la vie, mais émerge de l'interconnexion entre toutes les expériences et de la façon dont chaque individu se relie à lui-même, aux autres et à l'univers qui l'entoure.

Comprendre ce voyage exige une plongée dans la conscience de soi et la reconnaissance des influences extérieures qui façonnent notre perception du but. La société, à travers les normes culturelles et les attentes, impose souvent des définitions de ce que signifie avoir une vie significative, l'associant à la réussite professionnelle, à l'accumulation de biens matériels ou à la conformité à certains standards. Cependant, la véritable réalisation ne se résume pas à des objectifs extérieurs, mais à l'authenticité et à la capacité d'aligner les actions avec des valeurs internes profondes. La connaissance de soi devient donc essentielle dans cette trajectoire, permettant à chaque personne d'explorer ses propres intérêts, passions et convictions pour définir un but qui résonne véritablement avec son essence. Ce processus n'est pas statique, car à mesure que nous évoluons, nos valeurs et perceptions se transforment également, nous invitant à revisiter constamment ce qui donne un sens à notre existence.

La connexion avec le tout — que ce soit avec la nature, avec la collectivité ou avec l'aspect transcendantal de la vie — représente l'un des chemins les plus profonds pour trouver un sens. Lorsque l'on reconnaît l'interdépendance entre toutes choses, un sentiment d'appartenance émerge, élargissant la vision du but individuel. Contribuer au bien-être de la planète, cultiver des relations basées sur la compassion et développer une spiritualité qui promeut l'harmonie sont des moyens d'étendre cette connexion, enrichissant l'expérience de vie. De plus, des moments de contemplation, de méditation et d'immersion dans l'art ou la musique peuvent offrir des expériences transcendantes qui renforcent le sentiment d'intégration avec quelque chose de plus grand. Ainsi, la quête du sens de la vie n'est pas seulement un questionnement abstrait, mais un processus vivant, construit quotidiennement par des choix, des interactions et des réflexions. En adoptant une approche holistique, il est possible de comprendre que la vie n'a pas besoin d'avoir une seule signification fixe, mais peut être remplie de multiples sens, trouvés dans la richesse des expériences et la profondeur des connexions que nous cultivons en cours de route.

    La quête du sens de la vie est un voyage personnel et unique, façonné par nos expériences, valeurs, croyances et le contexte culturel dans lequel nous sommes immergés. Cependant, certaines questions semblent être universelles : pourquoi existons-nous ? Quel est le véritable but de la vie ? Comment pouvons-nous vivre de manière significative ? Ces questions accompagnent l'humanité depuis ses débuts et, bien que les réponses puissent varier d'un individu à l'autre, il existe un consensus sur le fait que le sens de la vie ne se trouve pas isolé dans une seule dimension de l'existence, mais plutôt dans l'intégration de toutes. La pensée holistique suggère qu'il faut considérer le corps, l'esprit, les émotions et l'esprit comme des parties interconnectées d'un tout plus grand. De cette manière, cette approche nous invite à explorer la totalité de l'expérience humaine, en recherchant des connexions et des significations qui transcendent les parties isolées et se révèlent à l'intersection de toutes les dimensions de l'être.

La quête du sens de la vie se déploie en plusieurs dimensions, chacune contribuant à la construction d'une signification plus large et plus profonde. La dimension physique, par exemple, est le point de départ d'une vie équilibrée et épanouie. Prendre soin de son corps, par le biais d'une alimentation saine, d'une pratique régulière d'exercice physique et du maintien d'un sommeil réparateur, crée la base essentielle pour que nous puissions explorer d'autres facettes de l'existence. Un corps sain nous donne la disposition à vivre des expériences, nous fournit l'énergie nécessaire pour réaliser nos aspirations et nous maintient connectés au monde matériel de manière active et présente.

La dimension mentale, quant à elle, implique la recherche de la connaissance et le développement intellectuel. L'apprentissage continu élargit notre compréhension du monde et de nous-mêmes, nous fournissant des outils pour faire face aux défis de la vie de manière plus consciente et réfléchie. L'éducation, la lecture, la pensée critique et la capacité de questionner nous aident à construire notre propre sens de l'existence, nous permettant de ne pas accepter passivement les définitions imposées par la société. Cultiver l'esprit est donc un chemin fondamental pour la croissance personnelle et la formulation d'un but authentique.

La dimension émotionnelle, à son tour, nous invite à plonger dans les relations humaines et l'univers des émotions. Savoir gérer nos sentiments, cultiver l'empathie, la compassion et l'amour nous connecte plus profondément aux autres, apportant un sentiment d'appartenance et de but. Les relations interpersonnelles jouent un rôle central dans la construction du sens de la vie, car c'est à travers elles que nous expérimentons la joie du partage, le soutien mutuel et la satisfaction de contribuer au bien-être d'autrui. Lorsque nous nourrissons des liens authentiques et développons une intelligence émotionnelle équilibrée, nous trouvons des raisons plus claires d'avancer, même dans les moments difficiles.

Enfin, la dimension spirituelle représente la recherche d'une connexion avec quelque chose de plus grand que nous-mêmes. Cette connexion peut se manifester de différentes manières : pour certains, elle se fait par le biais de la religion et de la foi ; pour d'autres, dans la contemplation de la nature, la pratique de la méditation ou l'immersion dans des questions existentielles. L'aspect spirituel nous aide à transcender l'ego et à réaliser que nous faisons partie d'une réalité plus large, où tout est interconnecté. La spiritualité nous invite à voir la vie sous un angle plus élevé, en redonnant un sens aux douleurs, aux défis et aux réussites dans un contexte plus large d'évolution et d'apprentissage.

Dans ce voyage, le but apparaît comme un élément fondamental. Il nous donne une direction et une motivation, donnant à nos actions et à nos choix une signification plus profonde. Cependant, contrairement à ce que beaucoup imaginent, le but n'est pas quelque chose de fixe ou d'extérieur, qui doit être découvert comme s'il s'agissait d'un secret caché. C'est une construction continue, qui émerge de l'interaction entre nos expériences et nos valeurs. Trouver un but implique de réfléchir à nos passions, à nos talents et à la manière dont nous pouvons contribuer au monde qui nous entoure. Pour certains, le but peut se manifester dans le travail ; pour d'autres, dans la famille, l'art, le service communautaire ou la quête incessante de la connaissance. L'important est de comprendre qu'il est dynamique, évoluant tout au long de la vie à mesure que nous grandissons et nous transformons.

En comprenant que nous sommes interconnectés avec le tout, nous élargissons notre vision de l'existence. La pensée holistique nous rappelle que nous ne sommes pas des êtres isolés, mais que nous faisons partie d'un réseau infini de relations, qui englobe d'autres personnes, la nature et même l'univers. Cette connexion peut être une source puissante de sens, apportant un sentiment d'appartenance qui transcende l'individualité. Il existe plusieurs façons de renforcer cette connexion : contribuer au bien-être collectif, par le biais du service communautaire et du bénévolat, en est une. Lorsque nous aidons les autres, nous éprouvons un profond sentiment d'accomplissement, car nous réalisons que nos actions ont un impact positif au-delà de nous-mêmes.

Une autre façon de se connecter avec le tout est par le respect de la nature. Observer la grandeur de l'univers, contempler l'harmonie des écosystèmes et reconnaître l'interdépendance entre tous les êtres vivants nous sensibilise à l'importance de préserver et de régénérer notre planète. Ce sentiment d'appartenance à la Terre nous inspire à adopter des pratiques durables, favorisant une relation plus respectueuse et équilibrée avec l'environnement.

De plus, les expériences transcendantes peuvent élargir notre perception du sens de la vie. L'art, la musique, la méditation et la contemplation du cosmos sont des portes vers des états de conscience qui nous font sentir partie intégrante de quelque chose de plus grand. Ces moments de connexion profonde nous aident à briser la barrière de l'ego et à voir l'existence sous un angle plus large et intégré.

Cependant, ce voyage à la recherche du sens de la vie n'est pas sans défis. La complexité de l'existence, les crises existentielles et la pression de la société moderne peuvent rendre cette recherche difficile. Souvent, on nous fait croire que le sens de la vie doit être associé à la réussite matérielle, à la productivité ou à la reconnaissance extérieure. Cependant, surmonter ces défis implique de développer un regard plus authentique sur sa propre vie. La connaissance de soi devient alors un outil essentiel. Elle nous permet de comprendre nos émotions, nos valeurs et ce qui nous motive vraiment, nous aidant à prendre des décisions alignées sur notre véritable essence.

La résilience et la capacité d'adaptation sont également fondamentales dans ce processus. La vie est en constante évolution et, souvent, le sens que nous lui donnons doit être revisité et reformulé à mesure que nous sommes confrontés à de nouvelles expériences et à de nouveaux défis. Avoir la flexibilité de s'adapter et de trouver un sens même dans les moments difficiles nous permet de grandir et de mûrir tout au long du voyage.

Un autre facteur essentiel pour surmonter les défis de la quête de sens est la connexion avec les autres.

Avoir un réseau de soutien, cultiver des relations saines et être intégré dans des communautés solidaires renforce notre sentiment d'appartenance et nous aide à traverser des périodes d'incertitude avec plus de sécurité et d'équilibre.

Dans ce contexte, la spiritualité joue également un rôle crucial. Que ce soit par la foi, la philosophie ou la contemplation du mystère de l'existence, elle nous invite à rechercher une compréhension plus profonde de qui nous sommes et de notre place dans l'univers. Souvent, c'est dans les moments de crise que nous trouvons des réponses significatives et développons une vision plus claire de notre but et de notre connexion avec le tout.

La quête du sens de la vie n'est donc pas une question avec une réponse unique et définitive. Au contraire, c'est un processus continu de découverte, de croissance et de transformation. En intégrant les dimensions physique, mentale, émotionnelle et spirituelle, nous parvenons à élargir notre perception de la signification de l'existence, en trouvant un but dans la richesse des expériences que nous vivons et des connexions que nous cultivons. Ainsi, embrasser ce voyage avec authenticité et ouverture nous permet non seulement de découvrir notre propre sens de la vie, mais aussi de contribuer à un monde plus harmonieux, juste et durable.

Le sens de la vie n'est donc pas une destination fixe à atteindre, mais un chemin en constante construction, qui se révèle dans l'expérience de vivre pleinement. En acceptant ce voyage comme un processus dynamique, nous apprenons à gérer les incertitudes sans avoir besoin de réponses absolues. Le vrai sens émerge lorsque nous nous permettons d'explorer, de questionner et de grandir, transformant chaque instant en une opportunité d'apprentissage et de connexion. La quête de sens n'a pas besoin d'être une obsession angoissante, mais une invitation à plonger dans l'existence avec curiosité et ouverture, en valorisant autant les défis que les réussites.

Tout au long de ce voyage, l'importance du présent devient évidente. Souvent, nous sommes tellement préoccupés par la recherche d'un grand but que nous oublions que le sens de la vie se trouve aussi dans les petits instants : dans l'échange de regards avec un être cher, dans le plaisir de créer quelque chose de nouveau, dans le sentiment d'appartenance en admirant le vaste ciel étoilé. La vie n'a pas besoin d'être définie uniquement par de grands objectifs ; elle est aussi tissée par les gestes simples qui nous font nous sentir vivants et connectés au monde qui nous entoure. Le but peut résider dans la façon dont nous aimons, dont nous partageons notre joie et dont nous contribuons, même modestement, au bien-être de ceux qui nous entourent.

En fin de compte, trouver un sens à la vie ne signifie pas découvrir une seule vérité universelle, mais construire une signification qui résonne avec qui nous sommes. Chacun trace son propre chemin, et il n'y a pas de réponses toutes faites ou de formules définitives. Ce qu'il y a, en réalité, c'est la liberté de choisir comment nous voulons vivre, comment nous souhaitons impacter le monde et comment nous voulons nous souvenir de notre propre existence. Lorsque nous abordons cette quête comme une danse entre la raison et le mystère, entre l'individuel et le collectif, nous réalisons que le sens de la vie n'est pas une fin à atteindre, mais une histoire qui se déroule chaque jour, écrite par nos expériences, nos choix et nos connexions.

Chapitre 25
Vivre l'holisme au quotidien

Vivre de manière holistique signifie adopter une perspective qui reconnaît l'interconnexion entre toutes les sphères de l'existence, depuis le bien-être individuel jusqu'à l'équilibre collectif et planétaire. Cette approche ne se limite pas à des concepts abstraits, mais se traduit en choix et pratiques quotidiennes qui promeuvent l'harmonie entre le corps, l'esprit, les émotions et l'esprit. Dans le monde moderne, où la fragmentation et la hâte éloignent souvent les personnes de leur propre essence, incorporer l'holisme dans la vie quotidienne est une invitation à retrouver la pleine conscience, à agir avec intention et à cultiver des relations plus saines avec soi-même, avec les autres et avec l'environnement. De petits changements, lorsqu'ils sont faits de manière cohérente, ont le pouvoir de créer des transformations profondes et durables, élargissant l'impact individuel au niveau communautaire et mondial.

Cette expérience commence par le soin de soi et la valorisation de l'expérience présente. Le corps, en tant que véhicule pour le voyage de la vie, doit être nourri et respecté, que ce soit par le biais d'une alimentation équilibrée, d'un repos adéquat ou de la pratique d'activités physiques qui favorisent la vitalité. Sur le plan mental, cultiver la curiosité intellectuelle et la réflexion critique permet un regard plus large sur la réalité, évitant les visions réductionnistes et stimulant la créativité dans la résolution des défis. Sur le plan émotionnel, l'intelligence affective devient essentielle pour développer des relations basées sur l'empathie, l'écoute active et le respect mutuel, renforçant les liens qui soutiennent à la fois la croissance personnelle et le bien-être collectif. La spiritualité, quelle que soit la manière dont elle est exprimée, offre un espace de connexion avec quelque chose de plus grand, donnant un sens et un but aux actions quotidiennes. Lorsque toutes ces dimensions s'intègrent, un flux de vie plus équilibré se crée, où chaque choix reflète un engagement conscient envers son propre bien-être et celui du monde.

Au-delà du développement personnel, vivre de manière holistique signifie reconnaître l'impact de nos actions sur la société et la planète. Choisir de consommer de manière consciente, soutenir des initiatives durables, réduire le gaspillage et valoriser les pratiques collaboratives sont des moyens concrets d'exprimer un engagement envers un monde plus équilibré. La participation active à des communautés qui promeuvent l'inclusion, la diversité et la justice sociale élargit cette vision intégrative, renforçant les réseaux de soutien et inspirant des changements systémiques. L'holisme, lorsqu'il est intégré au quotidien, transcende la sphère individuelle et devient une force de transformation collective, où chaque action alignée sur cette perspective contribue à un environnement plus sain, compatissant et durable. En cultivant cette conscience, le voyage ne devient pas seulement une quête d'équilibre personnel, mais une opportunité de contribuer à un avenir où la vie sous toutes ses formes peut s'épanouir pleinement et harmonieusement.

Intégrer l'holisme dans la vie quotidienne signifie adopter des pratiques et des attitudes qui favorisent l'équilibre entre le corps, l'esprit, les émotions et l'esprit, permettant à chaque aspect de l'existence de s'harmoniser dans un flux continu de bien-être. Cet équilibre ne se produit pas automatiquement, mais exige des choix intentionnels et des changements progressifs qui, même petits, peuvent avoir un impact transformateur. Ainsi, vivre de manière holistique implique des actions concrètes et cohérentes qui soutiennent cette perspective large et intégrée de la vie.

La première étape de ce voyage est de prendre soin du corps et de la santé, car c'est le véhicule qui permet toutes les expériences de l'existence. S'alimenter de manière équilibrée, en optant pour des aliments naturels et peu transformés, favorise non seulement la santé physique, mais aussi l'équilibre mental et émotionnel. Privilégier une alimentation riche en légumes, fruits, céréales complètes et protéines de qualité renforce l'organisme et améliore l'humeur. De plus, maintenir une routine d'exercices physiques combinant activités aérobies, étirements et renforcement musculaire aide à préserver la vitalité au fil des ans. Un repos adéquat joue également un rôle essentiel, car c'est pendant le sommeil que le corps se régénère et que l'esprit traite les expériences de la journée. Pour compléter ces soins, des pratiques de relaxation comme la méditation, la respiration consciente et la massothérapie aident à libérer les tensions accumulées, favorisant une sensation durable de bien-être.

Outre les soins physiques, le développement mental et intellectuel est un pilier fondamental de l'holisme. L'esprit est un outil puissant pour comprendre et transformer la réalité, et doit donc être constamment nourri de nouvelles connaissances et de nouveaux défis. Lire des livres qui élargissent les horizons, apprendre de nouvelles compétences et prendre l'habitude de la réflexion critique aident à éviter les visions limitées et réductionnistes. Exercer sa pensée créative et chercher des solutions innovantes aux défis quotidiens renforce la capacité d'adaptation et la résilience. L'apprentissage continu ne doit pas se limiter aux environnements académiques formels ; il peut se faire par l'échange d'expériences avec d'autres personnes, la pratique de loisirs qui stimulent l'esprit et le contact avec différentes formes d'art et de culture. Ainsi, en maintenant l'esprit actif et ouvert, nous élargissons notre compréhension du monde et devenons plus conscients et engagés dans nos choix et nos actions.

Les émotions et les relations jouent un rôle essentiel dans l'expérience humaine et, par conséquent, les gérer avec intelligence est indispensable pour une vie harmonieuse. Pratiquer l'empathie et la compassion nous permet de mieux comprendre les émotions des autres et de renforcer les liens authentiques. L'écoute active, sans jugement ni interruption, renforce les liens interpersonnels et crée un espace sûr pour le dialogue. De plus, une communication ouverte et honnête évite les conflits inutiles et favorise des relations plus saines et équilibrées. Au niveau individuel, apprendre à gérer les émotions difficiles, comme l'anxiété et la frustration, grâce à des techniques telles que la respiration consciente, le journaling (écriture thérapeutique) et la thérapie, permet une meilleure connaissance de soi et un meilleur contrôle émotionnel. Ainsi, en nourrissant des relations basées sur le respect et la compréhension mutuelle, nous cultivons des environnements plus harmonieux, tant dans la vie personnelle que dans la communauté.

La connexion spirituelle et la recherche de la transcendance sont des aspects qui complètent ce voyage holistique. Quelle que soit la croyance ou la pratique adoptée, la spiritualité offre un espace de connexion avec quelque chose de plus grand, donnant un but et un sens à l'existence. La méditation, la prière, la contemplation de la nature ou même l'engagement envers des philosophies de vie qui valorisent la connaissance de soi sont des voies possibles pour nourrir cette dimension. La connexion spirituelle n'a pas besoin d'être liée à des dogmes ou à des religions spécifiques ; elle peut se manifester dans la simple appréciation de la beauté du monde, dans la pratique de la gratitude ou dans la perception de l'interdépendance entre tous les êtres. En cultivant cette dimension, nous développons un regard plus compatissant et un plus grand sentiment d'appartenance à l'ensemble.

Reconnaître notre interdépendance avec l'environnement et adopter des pratiques durables sont des attitudes fondamentales pour vivre pleinement l'holisme. De petites actions quotidiennes, comme réduire sa consommation de plastique, opter pour des produits d'origine éthique et valoriser l'économie circulaire, font une grande différence sur l'impact environnemental. Le recyclage, la consommation consciente et le soutien aux initiatives écologiques sont des moyens concrets d'exprimer son respect pour la planète. De plus, des pratiques telles que le compostage, l'utilisation efficace des ressources naturelles et le choix de modes de transport durables réduisent considérablement l'empreinte écologique. En vivant de manière plus alignée avec la nature, nous renforçons la relation entre bien-être personnel et équilibre planétaire.

Vivre de manière holistique implique également un engagement envers la participation sociale et communautaire. La participation à des projets collectifs, à des actions bénévoles et à des initiatives sociales renforce les liens communautaires et élargit l'impact des transformations individuelles au collectif. Agir au sein de groupes qui promeuvent l'inclusion, la diversité et la justice sociale est un moyen d'élargir sa conscience et de contribuer à un monde plus équitable. L'engagement civique, que ce soit par la participation à des conseils communautaires, des mouvements sociaux ou des activités locales, permet à chaque individu de jouer un rôle actif dans la construction d'un avenir plus durable et harmonieux. Ainsi, l'holisme cesse d'être une pratique individuelle et devient un mouvement transformateur qui profite à toute la société.

Le pouvoir des petits changements ne doit pas être sous-estimé. Vivre de manière holistique n'exige pas de transformations radicales ou immédiates ; au contraire, ce sont les petits ajustements quotidiens qui génèrent un impact profond et durable. Prendre quelques minutes par jour pour pratiquer la pleine conscience, en observant ses pensées et ses émotions sans jugement, aide à cultiver la conscience du moment présent. La pratique de la gratitude, en réfléchissant aux aspects positifs de la vie, renforce le bien-être émotionnel et change la perspective sur les défis. Se connecter régulièrement à la nature, que ce soit par des promenades en plein air ou par le simple fait de prendre soin des plantes, renforce le sentiment d'appartenance au monde naturel. Valoriser la diversité et chercher à apprendre de différentes cultures et perspectives élargit la compréhension et favorise un environnement plus inclusif. Enfin, agir avec conscience et responsabilité, en tenant compte des impacts de ses choix quotidiens, renforce l'engagement envers un mode de vie plus équilibré et aligné sur les principes de l'holisme.

Au cœur de ce voyage, la communauté et la collaboration jouent un rôle essentiel. Créer des réseaux de soutien qui encouragent la solidarité et la coopération renforce les liens sociaux et offre un soutien précieux à ceux qui cherchent à vivre de manière plus intégrée. Les coopératives, les banques communautaires et les groupes d'entraide sont des exemples de structures qui encouragent cette collaboration. La promotion de pratiques durables au sein des communautés, comme l'agriculture urbaine et l'utilisation d'énergies renouvelables, contribue à une plus grande résilience locale. De plus, renforcer la démocratie participative par le biais d'assemblées citoyennes et de consultations publiques permet à la communauté d'avoir une voix active dans la construction de solutions collectives.

Vivre l'holisme au quotidien est un chemin d'apprentissage, de croissance et de transformation constants. En intégrant les dimensions physique, mentale, émotionnelle et spirituelle, et en reconnaissant l'interconnexion entre toutes les formes de vie, nous pouvons créer une réalité plus équilibrée et consciente. L'holisme nous invite à voir le monde comme un organisme vivant et interdépendant, où chaque choix individuel se répercute sur le collectif. En adoptant cette perspective, nous cultivons une existence plus significative et contribuons à un avenir plus juste, durable et harmonieux.

En adoptant l'holisme comme mode de vie, nous réalisons qu'il n'exige pas la perfection ni des changements drastiques immédiats, mais plutôt un engagement continu envers l'équilibre et la conscience. Chaque petit choix, de la façon dont nous nous nourrissons à la façon dont nous interagissons avec les autres et avec la planète, contribue à un cycle vertueux de bien-être et de transformation. Ce processus ne signifie pas éliminer les défis ou éviter les difficultés, mais plutôt les affronter avec une perspective plus intégrée, en recherchant des solutions qui prennent en compte l'ensemble plutôt que des parties isolées de la réalité.

Ce voyage nous rappelle également l'importance de la flexibilité et de l'adaptation. Le monde est en constante évolution, et vivre de manière holistique ne signifie pas suivre des règles rigides, mais plutôt cultiver un état d'esprit ouvert et curieux qui permette des ajustements au fur et à mesure que de nouveaux apprentissages et expériences se présentent. L'équilibre n'est pas un état fixe, mais une danse dynamique entre différents aspects de la vie. Apprendre à écouter son corps, son esprit et ses émotions, en respectant les rythmes naturels de chaque phase de la vie, est essentiel pour maintenir cette harmonie.

Enfin, vivre l'holisme au quotidien est un acte de connexion - avec soi-même, avec les autres et avec le monde. C'est une invitation à prendre conscience que chaque action a un impact, que le bien-être individuel est lié au collectif et que le véritable changement commence en chacun de nous. De petits gestes de présence, de compassion et de respect créent des ondes de transformation qui s'étendent au-delà de nous, façonnant une réalité plus équilibrée, durable et humaine. C'est le véritable pouvoir d'une vie vécue avec intention et intégration.

Épilogue

Chaque voyage transforme le voyageur. Lorsque vous avez ouvert ce livre pour la première fois, vous l'avez peut-être fait avec curiosité, avec un désir de comprendre plus profondément le monde qui vous entoure. Maintenant, en arrivant aux dernières pages, un nouvel horizon se dessine devant vous.

La pensée holistique n'est pas une théorie lointaine, réservée aux philosophes ou aux scientifiques. C'est une invitation à une perception élargie, une clé pour interpréter l'existence d'une manière plus riche et significative. Tout au long de ces pages, nous avons exploré comment l'interconnexion imprègne toutes les dimensions de la réalité : de la physique quantique à l'écologie, de la spiritualité à la psychologie. Nous avons découvert que la séparation est une illusion et qu'en reconnaissant l'unité de la vie, nous assumons un rôle plus actif dans la construction d'un avenir durable et harmonieux.

Mais que faire de cette connaissance ?

La véritable transformation se produit lorsque nous mettons la théorie en pratique. La pensée holistique ne se limite pas à des idées abstraites ; c'est une façon de vivre. Elle se manifeste dans la manière dont nous prenons soin de l'environnement, dans la façon dont nous nourrissons nos relations, dans l'attention que nous portons à notre santé physique et émotionnelle. Chaque action, aussi petite soit-elle, se répercute sur l'ensemble.

En intégrant cette perspective à votre vie, vous devenez partie intégrante de la solution. Chaque choix conscient, chaque geste d'empathie, chaque décision prise à partir d'une vision globale de l'impact que nous générons sur le monde contribue à la construction d'une réalité plus équilibrée.

Le monde a besoin d'individus qui pensent au-delà de l'immédiat, qui comprennent que leur bien-être est intrinsèquement lié au bien-être de la planète et des autres êtres humains. Si ce livre a réussi à allumer en vous cette étincelle de conscience, alors votre voyage ne s'arrête pas là - il ne fait que commencer.

Vous portez maintenant en vous un nouveau regard, une nouvelle perception. La question qui demeure est : qu'en ferez-vous ?

Que votre chemin soit éclairé par la conscience de l'interconnexion. Que vos choix reflètent l'équilibre que vous avez découvert. Et que votre voyage continue, toujours à la recherche de l'unité qui sous-tend toutes choses.

La connaissance a été partagée. La prochaine étape vous appartient.

www.ingramcontent.com/pod-product-compliance
Lightning Source LLC
LaVergne TN
LVHW040047080526
838202LV00045B/3522